JN406246

CAFE SALAD
MasterClass

카페 샐러드 마스터 클래스

CAFE SALAD
MasterClass

카페 샐러드 마스터 클래스

노정희 지음

hansmedia

Prologue

저의 첫 번째 책,《카페 샌드위치 마스터 클래스》를 세상에
내놓은 지 벌써 2년 가까운 시간이 흘렀습니다. 그리고 출간 이후
지금까지, 베스트셀러 자리를 꾸준히 지키며 독자분들께 넘치는
사랑을 받았어요. 많은 분들이 저의 책을 좋아해주신 이유가
오랜 시간 카페와 클래스, 유튜브를 직접 운영하며 현장에서
쌓은 노하우를 가감 없이 책에 담았기 때문이 아닌가 싶습니다.
샌드위치 책에서 제가 가장 보여드리고 싶었던 것은 매장에서 잘
팔리는 메뉴를 만드는 실질적인 방법과 유용한 디테일이었어요.
그리고 이 책 역시 그 연장선에서, 샐러드가 단지 곁들임 메뉴가
아니라 식탁의 주연이 될 수 있다는 걸 보여드리고 싶어서 이렇게
두 번째 책으로 독자분들을 다시 찾아 뵙게 되었어요.

샐러드는 더 이상 가볍게 곁들이는 음식이 아닌 한 끼 식사이자
인기 카페 메뉴로 자리를 잡았습니다. 그런데 막상 샐러드로
메뉴를 만들려고 하면 생각보다 많은 고민이 생기는 것 같아요.
저는 샐러드를 만든다는 건, 그저 채소를 예쁘게 담는 게 아니라
식재료가 가진 본연의 특징을 이해하고, 각 재료들의 맛을
하나로 묶어주는 역할을 하는 '드레싱'을 더해줘야 완성이라
생각합니다. 누군가는 '맛있는 드레싱 몇 개만 있으면 샐러드는
다 되지 않나요?'라고 말하기도 하지만, 저는 다르게 생각하고
있어요. 식재료마다 고유한 향, 질감 등의 특징이 다르기 때문에
이 책에서는 샐러드에 들어가는 재료의 성격에 따라 각기 다른
드레싱을 매칭하여 담았습니다.

처음 책을 기획할 때는 카페에서 샐러드를 어떻게 만들어야 할지 고민하는 분들을 위해 작업을 시작했지만, 페이지를 채워 나갈수록 점점 더 많은 분들에게 제가 만든 샐러드의 맛을 전하고 싶어졌습니다. 건강한 한 끼 식사를 원하는 분, 다양한 맛의 요리를 즐기고 싶은 분, 맛있는 음식을 만들어 지인들과 파티를 하거나 새로운 식습관에 도전해보고 싶은 분 등 누구에게나 샐러드는 좋은 답이 될 수 있어요. 그래서 카페 현장에서 바로 활용할 수 있는 실용적인 내용으로 구성하면서도, 누구나 집에서 쉽게 레시피를 따라할 수 있도록 최대한 친절하게 풀어냈어요.

샐러드는 생각보다 다양하고 재미있는 요리입니다. 단순히 채소 몇 가지에 드레싱을 뿌리는 것이 아니라 식재료의 조화, 감각적인 플레이팅, 나만의 감성까지 한 접시 안에 모두 담아낼 수 있어요. 이 책이 카페에서도, 가정의 주방에서도 건강하고 훌륭한 한 접시를 만들어내는 데 도움이 되었으면 좋겠습니다.
첫 번째 책을 내고 현장에서 많은 카페 대표님들을 만나게 되면서, 책의 내용이 메뉴 개발에 큰 도움이 되었다는 감사 인사를 여러 번 받았습니다. 이 책 또한 읽어주시는 분들에게 많은 도움이 되고, 여러분이 만드는 메뉴에 새로운 매력을 더하는 계기가 되기를 바라봅니다.

끝으로, 큰 사랑을 주시는 제이디저트 구독자 여러분 늘 감사합니다. 저를 믿고 두 번이나 먼저 손을 내밀어주신 한스미디어 출판사와 이나리 편집자님, 한정수 포토그래퍼님, 하다인 푸드 스타일리스트님, 제 단짝 지은 언니와 사랑하는 우리 가족 모두에게 감사의 마음을 전합니다.

제이디저트 **노정희**

Contents

	프롤로그	4

Chapter 1

The Basics of Salad

샐러드의 기초

1. 재료 소개
   - 채소류 — 15
   - 허브류 — 18
   - 소스와 피클류 — 19

2. 샐러드 재료 손질과 보관법
   - 기본 채소 손질과 보관법 — 22
   - 아보카도 후숙하기 — 22
   - 아보카도 손질하기 — 23
   - 견과류 전처리하기 — 24
   - 샐러드용 곡물 삶기
     - 병아리콩 — 24
     - 렌틸콩 — 25
     - 퀴노아 — 25
     - 현미 — 25
   - 그래놀라 만들기 — 26

3. 만들어두면 유용한 저장식 샐러드
   - 당근 라페 — 27
   - 수제 선드라이 토마토 — 28
   - 모둠 채소 피클 — 29
   - 방울토마토 마리네이드 — 30
   - 코울슬로 — 31
   - 아스파라거스 피클 — 32
   - 수제 마요네즈(기본 마요네즈 / 두유 마요네즈) — 33

샐러드 재료별 잘 어울리는 추천 드레싱
- 고기 샐러드에 어울리는 드레싱 — 34
- 해산물 샐러드에 어울리는 드레싱 — 35
- 과일 샐러드에 어울리는 드레싱 — 36
- 채소의 맛을 살려주는 드레싱 — 37

한 번 장 봐서 만드는 일주일 샐러드 플랜 — 38

Chapter 2 Refreshing Salad	가벼운 샐러드	
	채소 스틱과 3가지 딥 소스 ○ 갈릭 마요 딥, 두부 땅콩 딥, 바질 마요 딥	44
	오이 샐러드 ○ 딜 요거트 드레싱	48
	찐 채소 샐러드 ○ 참깨 마요 드레싱	52
	그릭 요거트 토마토 샐러드 ○ 발사믹 메이플 드레싱	56
	밀프렙 샐러드 ○ 발사믹 오일 드레싱	60
	쉬라즈 샐러드 ○ 레몬 머스터드 드레싱	64
	후무스 샐러드 ○ 화이트 발사믹 드레싱	68

Chapter 3 Warm Salad	따뜻한 샐러드	
	알배추 샐러드 ○ 발사믹 쪽파 드레싱	74
	감자 뇨키 샐러드 ○ 크림치즈 드레싱	78
	채소 라자냐	84
	구운 양배추 스테이크 ○ 갈릭 발사믹 드레싱	90
	단호박 샐러드 ○ 머스터드 오일 드레싱	94
	버섯 수란 샐러드 ○ 어니언 발사믹 드레싱	98
	문어 감자 샐러드 ○ 갈릭 크림치즈 드레싱	102

Chapter 4 Healthy Meal Salad	든든한 한 끼 샐러드	
	생언어 포케 ○ 간장 레몬 드레싱	108
	새우 포케 ○ 칠리 마요 드레싱	112

두부 문어 포케 ○ 간장 유자 드레싱		116
참치 포케 ○ 와사비 간장 드레싱		120
큐브 스테이크 샐러드볼 ○ 오리엔탈 드레싱		124
구운 연어 샐러드 ○ 미소 참깨 드레싱		128
쿠스쿠스 샐러드 ○ 레몬 허니 드레싱		132
니스 샐러드 ○ 머스터드 갈릭 드레싱		136
바질 치킨 숏파스타 ○ 바질 어니언 발사믹 드레싱		140

Chapter 5

Fresh Fruit Salad

과일 듬뿍 샐러드

리코타 치즈 샐러드 ○ 화이트 비네그레트 드레싱	146
수박 페타 치즈 샐러드 ○ 민트 오일 드레싱	150
아사이베리 볼 ○ 땅콩 레몬 드레싱	154
딸기 부라타 치즈 샐러드 ○ 처빌 화이트 비네그레트 드레싱	158
바나나 샐러드 ○ 메이플 요거트 드레싱	162
땅콩버터 사과 샐러드 ○ 땅콩버터 드레싱	166

Chapter 6

Seafood & Meat Salad

해산물 & 고기 샐러드

새우 레몬 샐러드 ○ 레몬 마요 드레싱	172
관자 아보카도 샐러드 ○ 토마토 오일 드레싱	176
차가운 돼지고기 수육 샐러드 ○ 토마토 살사, 발사믹 오리엔탈 드레싱	180
훈제 오리 샐러드 ○ 어니언 머스터드 드레싱	184

훈제 연어 달걀 샐러드 ○ 허브 오일 드레싱		188
베트남 치킨 샐러드 ○ 고추 라임 피시소스		192
분짜 샐러드 ○ 매콤 분짜 드레싱		196

Chapter 7
Salad with Bread

빵과 함께 먹는 샌드위치 샐러드

구운 브리 치즈 샐러드 ○ 어니언 바질 드레싱	202
오이 감자 샐러드 샌드위치 ○ 사워크림 드레싱	206
닭가슴살 크랜베리 샐러드 샌드위치	210
사과 코울슬로 샐러드 샌드위치	214
판자넬라 샐러드 ○ 프렌치 드레싱	218

Chapter 8
Smoothies & Soups

스무디 & 수프

아보카도 스무디	224
병아리콩 스무디	226
사과, 당근, 양배추 스무디	228
채소 수프	230
토마토 치킨 수프	234

The Basics of Salad

CHAPTER 1

샐러드의 기초

1 재료 소개

채소류

양상추   샐러드나 샌드위치에 가장 많이 사용하는 채소 중 하나로 아삭하고 시원한 맛이 난다. 다른 잎채소에 비해 쓴맛이 거의 없고 수분 함량이 높아 체내 수분 보충에 좋고, 칼로리는 매우 낮아 다이어트 식품으로도 많이 쓰인다. 좋은 양상추는 윤기가 나는 연두색을 띠며, 손으로 들었을 때 묵직하다. 미리 손질해두면 잘린 부분이 붉은색으로 물들기 때문에 사용하기 직전에 손질해서 수분을 제거하고 사용하는 게 좋다.

치커리   쌉싸름한 맛이 입맛을 돋우는 치커리는 다양한 샐러드에 개성을 더해주는 잎채소다. 비타민과 식이섬유가 풍부하고, 항산화 성분도 많이 함유되어 건강식으로도 좋다. 식감은 약간 질기고 단단한 편이니 샐러드에 넣을 때는 다른 부드러운 채소들과 함께 섞어 사용하는 게 좋다.

로메인   로마인이 즐겨 먹었다 해서 이름 붙여진 로메인은 줄기 부분이 단단하고 잎은 부드러워 씹을 때 아삭하면서도 경쾌한 느낌을 준다. 비타민과 엽산이 풍부해 면역력 강화와 혈액 건강에 도움을 줄 수 있고, 수분과 식이섬유도 많이 함유하고 있다. 포만감은 있지만 칼로리는 낮아 다이어트 식으로도 적합하다.

와일드 루콜라   샐러드에 독특한 매력을 더해주는 채소로, 향과 맛이 강해 샐러드에 개성을 더할 때 사용한다. 끝맛에 톡 쏘는 매운맛이 있어 치즈, 고기, 햄 등 짠맛을 가진 재료와 잘 어울린다. 비타민과 엽산, 칼슘이 풍부하며 소화 촉진과 면역력 강화, 항염 작용이 있어 슈퍼 푸드로 분류되기도 한다.

이자벨(멀티 리프)   수분이 많고 단맛이 나며 아삭한 식감을 가진 채소로, 상추계 특유의 쓴맛이 적어 다양한 재료와 두루 어울린다. 잎이 넓고 가장자리에 구불구불한 프릴 모양이 있어 샐러드를 더욱 예쁘고 풍성하게 만들어준다. 향이 약한 편이므로 요거트 드레싱이나 과일 드레싱을 사용한 샐러드에 사용하면 드레싱의 맛을 살릴 수 있다.

양배추   '서양의 배추'라는 뜻으로 다른 채소에 비해 뻑뻑하고 질겨서 생으로 먹을 경우 얇게 슬라이스해 사용하는 것이 좋다. 씹을수록 달큰한 맛과 아삭한 식감이 더해지므로 다양한 스타일의 샐러드에 널리 사용된다. 시간이 지나도 쉽게 흐물거리지 않아 보관성과 유지력이 좋다. 저칼로리면서 영양소가 풍부하고 소화 개선에 도움을 주는 채소로, 건강식이나 다이어트 식단에 자주 사용된다.

시금치   한국에서는 대체로 익혀서 먹지만 서양에서는 샐러드에 자주 활용하는 채소다. 샐러드용 시금치는 중간 정도로 자란 여린 잎을 사용하면 좋은데, 여린 시금치는 잎이 부드럽고 쓴맛이나 매운맛이 거의 없다. 비타민, 미네랄, 항산화 성분이 풍부하며, 여러 가지 건강 효과가 과학적으로 입증된 채소다.

카이피라   유럽형 상추로, 양상추와 상추의 중간 형태이며 잎이 넓고 부드럽고 연한 초록빛을 띤다. 수분이 많이 함유되어 부드러우면서도 아삭한 식감을 지닌다. 특유의 향이나 채소의 쌉싸름한 맛이 전혀 없고 단맛이 나기 때문에 다양한 샐러드에 활용 가능하다. 비타민과 미네랄이 풍부한 영양 가득한 채소다.

버터헤드   연하고 촉촉한 식감, 은은한 단맛으로 샐러드나 샌드위치에 자주 사용되는 고급 잎채소다. 잎이 부드럽고 기름진 듯한 질감을 갖고 있다고 해서 '버터헤드'라는 이름으로 불린다. 씹었을 때 입안에서 살살 녹는 듯한 느낌을 주며 쓴맛이 거의 없고, 단맛과 고소한 향이 있어 다양한 재료와 잘 어울린다.

프릴 아이스   양상추와 곱슬 치커리의 교배 품종으로 양상추의 아삭함과 치커리의 물결 모양 잎을 결합한 채소다. 잎이 두껍고 아삭하며, 은은한 단맛과 약간의 쌉쌀한 맛이 조화를 이루므로 다양한 샐러드에 활용할 수 있다.

어린잎 채소   채소가 발아한 후 약 2~4주 내외로 수확한 어린잎으로, 부드럽고 연한 식감과 신선한 맛, 풍부한 영양 성분 덕분에 샐러드에 자주 사용된다. 초록색부터 보라색까지 다양한 색상을 띠므로 샐러드에 시각적 풍성함을 더할 수 있고, 일반적인 채소보다 비타민과 항산화 성분이 많이 함유되어 있다.

라디치오   치커리의 일종으로 이탈리아가 원산지다. 작은 양배추처럼 동그랗고 선명한 보라색 바탕에 흰색 줄무늬가 있어 샐러드에 시각적 포인트를 준다. 약간의 단맛, 특유의 쌉쌀한 맛이 있어 입맛을 돋우는 채소지만 쌉싸름한 맛 때문에 단독으로 사용하는 것보다는 다른 채소들과 함께 사용하는 것이 좋다. 다양한 비타민과 미네랄이 풍부하며 소화를 돕고 혈관 건강에 도움을 준다.

엔다이브   벨기에를 대표하는 샐러드 채소로 노란빛과 붉은빛의 2가지 종류가 있다. 국화과에 속하는 잎채소로, 특유의 쌉싸름한 맛과 아삭한 식감이 특징이다. 엔다이브의 쓴맛이 나는 이눌린 성분은 천연 인슐린이라고 불리며, 혈당 조절에 도움을 줄 수 있다. 올리브오일과 꿀을 곁들인 드레싱과 함께하면 특히 잘 어울린다.

비타민(다채)   다양한 비타민 성분이 많이 들어 있어 비타민이라 불린다. 카로틴이 시금치의 2배나 들어 있고, 철분과 칼슘이 풍부하여 면역력을 높이는 역할을 할 수 있다. 단맛이 있고 담백하여 여러 가지 요리에 활용이 가능하다.

래디시   붉고 둥글다고 해서 '적환무'라고도 한다. 껍질은 얇고 바삭하며 속은 약간의 수분을 포함하고, 매콤하고 톡 쏘는 맛이 특징이며 청량감이 있다. 생선과 고기가 들어가는 샐러드에 잘 어울리며 얇게 슬라이스하여 장식용으로 많이 사용한다.

토마토 샐러드에 신선하고 상큼한 맛을 더해준다. 토마토는 그 자체로도 맛있지만 다른 채소들과 잘 어울려 샐러드에 신선한 맛과 풍미를 더해주고, 다양한 드레싱과도 두루 잘 어울린다.

주키니 부드럽고 담백한 맛의 서양 호박으로, 샐러드나 그릴 요리, 볶음 요리에 자주 사용되는 채소다. 생으로 먹으면 아삭하고 수분감이 풍부하며 익히면 단맛이 강해진다. 칼로리가 낮고 수분이 풍부해 건강식 재료로 자주 사용된다.

가지 부드러운 식감과 은은한 단맛으로 지중해식 샐러드에 자주 사용한다. 구우면 고소하고 감칠맛이 나며 은은한 단맛이 살아나 샐러드의 풍미에 깊이감을 더해준다. 식이섬유가 많이 함유되어 있어 장운동을 촉진해 변비 예방에 도움을 주고 높은 포만감으로 다이어트 식단에 좋다.

오이 수분이 풍부하고 시원한 맛을 지니고 있어 샐러드에 상큼함과 아삭한 식감을 더해준다. 수분이 많이 함유되어 수분 보충에 도움을 주고 저칼로리 저당질 채소로 다이어트에 이상적인 채소다. 다양한 드레싱과도 잘 어울려 여러 가지 샐러드에 부담 없이 넣을 수 있다.

아보카도 '숲속의 버터'라고 불릴 정도로 부드럽고 크리미한 식감과 풍부한 영양소를 가진 슈퍼푸드로 꼽힌다. 샐러드에 활용하면 고소함과 포만감을 더해주고 영양과 맛을 높여주는 재료. 버터처럼 부드럽고 진한 풍미를 갖고 있으며, 으깨서 무스나 드레싱으로도 사용할 수 있다.

셀러리 아삭한 식감과 특유의 향이 매력적인 채소로, 샐러드에 상큼함과 풍미를 더해주는 역할을 한다. 저칼로리면서 영양이 풍부해 다이어트, 해독, 건강 관리 식단에 자주 사용된다. 주로 줄기를 먹지만 잎도 샐러드에 넣거나 장식용으로 사용이 가능하다.

허브류

딜 향을 강조한 고급 샐러드나 유럽식 요리에 자주 사용되는 허브다. 바늘처럼 가늘고 부드러운 잎이 특징이며, 소량만 넣어도 특유의 상쾌하고 달콤한 향이 퍼져 샐러드를 한층 세련되게 만들어준다. 특히 연어가 들어가는 레시피에 활용하면 시원한 향이 기름진 맛을 산뜻하게 잡아준다.

로즈메리 강한 향을 가진 대표적인 허브로, 향이 강하기 때문에 생으로 사용할 경우엔 다져서 소량만 사용한다. 익히면 생잎보다 향이 부드러워지고 깊고 은은한 풍미가 강조되므로 감자, 고기, 버섯 등의 재료를 익힐 때 사용하면 매우 잘 어울린다.

바질 이탈리아 요리에 많이 사용되는 바질은 달콤한 맛과 특유의 향긋한 향을 가지고 있다. 열을 가하면 향이 쉽게 날아가는 특성이 있어 생바질 잎을 여러 재료와 함께 갈아서 사용하거나 주로 완성된 요리에 토핑으로 얹어 즐긴다. 특히 토마토와 잘 어울려서 토마토가 주재료인 샐러드를 만들 때 활용하면 향긋함을 더할 수 있다.

고수 강렬한 향과 독특한 맛으로 샐러드에 소량만 넣어도 상큼하고 이국적인 풍미를 더할 수 있다. 특히 동남아, 멕시코, 중동 요리에 자주 사용되며 호불호가 강하므로 속 재료에 넣기보다는 토핑으로 조금만 올리고 따로 곁들여 내는 게 좋다.

처빌 은은하고 섬세한 향을 가진 유럽식 허브로, 샐러드나 드레싱에 부드러운 단맛과 감초 풍미를 더해준다. 연한 채소나 부드러운 식감의 샐러드와 잘 어울리며, 요거트나 레몬, 오일 드레싱에 다져서 넣으면 은은한 향을 더할 수 있다. 잎이 쉽게 시들기 때문에 수분이 있는 키친타월로 감싸 냉장 보관하고, 가급적 빨리 사용하는 것이 좋다.

이탈리안 파슬리 풋풋하면서도 약간의 쌉싸름한 맛과 은은한 향이 있는 허브다. 샐러드 위에 토핑처럼 뿌리기도 하고 잘게 다져 드레싱이나 곡물 샐러드에 섞기도 한다. 다양한 영양소가 풍부하게 들어 있어, 생으로 섭취했을 때 영양의 흡수가 좋아 샐러드에 넣거나 주스, 스무디 등 다양하게 활용이 가능하다.

소스와 피클류

1 머스터드 겨자씨를 가공해서 만든 소스로, 겨자 특유의 새콤하고 톡 쏘는 맛이 있어 음식의 느끼함을 덜어준다. 시중에 나오는 머스터드에는 다양한 종류가 있는데 통 겨자씨에 식초와 화이트와인 등을 더한 홀그레인 머스터드와 식초, 겨자씨, 물, 소금, 향신료 등을 넣어 강하지 않으면서도 새콤한 옐로 머스터드, 꿀이나 시럽을 넣어 달콤한 맛을 낸 허니 머스터드, 톡 쏘는 맛이 강하면서도 질감은 부드러운 디종 머스터드가 있다. 햄, 베이컨, 소시지, 치킨이 들어가는 샐러드에 곁들이면 좋다.

2 마요네즈 달걀노른자, 식용유, 레몬즙이나 식초를 주재료로 만든 크리미한 소스로, 샐러드드레싱에 부드러운 질감과 고소한 풍미를 더해준다. 단독으로 쓰이기도 하지만 다른 재료들과 섞으면 다양한 스타일의 드레싱을 만들 수 있다.

3 올리브오일 올리브 열매의 기름을 추출해서 만든 식물성 오일로 포화 지방도가 낮다. 고소하면서도 은은한 풍미와 건강에 좋은 지방산 덕분에 지중해식 식단에 많이 사용된다. 올리브오일은 짜는 방식, 정제 정도, 산도에 따라 엑스트라 버진, 버진, 퓨어 등으로 나뉜다. 그중 풍미가 살아 있고 산도가 낮은 엑스트라 버진 올리브오일이 샐러드용으로 가장 적합하다.

4 화이트와인 식초 화이트와인을 발효시켜 만든 식초로 상큼하고 부드러운 산미, 은은한 과일 향이 특징이다. 드레싱에 넣으면 가볍고 깔끔한 맛을 내기 때문에 샐러드에 가장 잘 어울리는 식초이기도 하다. 산도가 낮아 채소의 향과 색을 살려주고, 채소 특유의 흙 내음과 쌉싸름한 맛을 잡아준다.

5 발사믹 식초 이탈리아 모데나 지방에서 유래한 고급 식초로, 포도즙을 졸이고 숙성해 만들어 깊고 진한 풍미를 갖고 있다. 숙성 기간이 갈수록 풍부하고 깊은 맛을 내며, 샐러드에 단맛과 산미, 풍부한 향을 동시에 더해줄 수 있는 식초이다.

6 꿀 자연에서 얻은 천연 감미료로, 샐러드드레싱에 단맛을 부드럽게 더해준다. 산미가 있는 식초류나 겨자가 들어간 드레싱에 균형을 맞추는 역할을 하며, 드레싱의 맛을 한층 더 풍부하고 조화롭게 만들어준다. 강한 풍미가 있는 아카시아꿀, 밤꿀 등은 드레싱의 맛에 영향을 주므로 향이 적은 꿀을 선택하는 것이 좋다.

7 알룰로스 최근 주목받고 있는 저칼로리 천연 감미료로, 설탕과 비슷한 단맛을 내면서 혈당에 거의 영향을 주지 않고 칼로리도 거의 없는 것이 특징이다. 식초나 레몬즙과도 잘 어울리는 깔끔한 단맛이며, 점성이 낮아 액상 드레싱에 잘 섞인다. 샐러드에 잘 어울리는 저당 드레싱 레시피를 원할 경우 꿀이나 설탕 대신 사용하면 좋다.

8 칠리소스 매콤하면서도 새콤달콤한 맛이 조화를 이루는 소스로, 기름진 재료와도 잘 어울린다. 간장, 생강, 마늘을 추가하면 아시안 스타일의 감칠맛이 더해져 포케나 해산물 샐러드에 사용하면 좋다.

9 크림치즈 크림치즈의 부드럽고 진한 풍미는 샐러드드레싱에 고급스러운 맛을 더해준다. 크리미하고 고소한 맛과 은은한 산미가 있어 레몬즙, 허브, 꿀 등과도 자연스럽게 어울리고, 채소의 맛을 부드럽게 감싸준다. 요거트나 사워크림과 섞으면 크리미한 드레싱으로 완성되고, 꿀이나 오렌지즙과 조합하면 부드럽고 달콤한 풍미를 즐길 수 있다.

10 스리라차 소스 고추의 매운맛과 강한 마늘 풍미가 어우러진 소스다. 식초가 함유되어 깔끔하고 산뜻한 느낌을 주고, 너무 묽지 않아 드레싱, 토핑, 소스 등으로 활용하기 좋다. 샐러드드레싱으로 사용할 때는 마요네즈, 요거트, 꿀 등과 섞어 사용하면 부드러우면서도 달콤한 매운맛의 드레싱을 완성할 수 있다.

11 토마토소스 스페인에서 최초로 만들었으나 이탈리아에서 파스타에 넣기 시작하면서 유명해졌다. 지금은 파스타 외에도 다양한 요리에 활용되고 있으며, 샐러드를 만들 때나 고기, 채소를 끓이고 볶을 때 활용할 수 있다.

12 피시소스 멸치나 생선을 발효시켜 만든 소스로 동남아 스타일의 드레싱에 활용되며, 감칠맛과 짭짤함을 살려주는 역할을 한다. 특히 태국식 샐러드, 베트남식 누들 샐러드, 포케 등에 잘 어울린다. 설탕, 라임즙, 식초와 조합하면 새콤달콤하면서 짭짤한 맛의 매력적인 드레싱을 만들 수 있다.

13 땅콩버터 땅콩을 갈아 만든 스프레드로 고소하고 진한 맛이 특징이다. 식이섬유, 단백질, 비타민이 풍부하지만 칼로리가 높기 때문에 적당량을 사용하는 것이 좋다. 아시안 스타일의 샐러드나 구운 치킨, 두부, 채소 샐러드와 잘 어울린다.

14 요거트 가벼우면서도 크리미하고 상큼한 맛의 드레싱을 만들 때 사용한다. 채소 샐러드나 과일 샐러드에 특히 잘 어울리며, 허브, 마늘, 레몬즙, 꿀 등과 함께 사용하면 다양한 맛을 낼 수 있다. 우유나 크림 대신 요거트를 사용하면 부드럽고 진한 질감을 유지하면서 지방 함량을 낮출 수 있어 유용하다.

15 간장 아시아 요리에서 자주 쓰는 기본적인 양념으로, 음식에 짭짤함과 감칠맛을 준다. 식초, 꿀, 참기름, 마늘, 고추 등과 함께 사용해 다양한 맛으로 연출하여 샐러드에 곁들이면 좋다. 닭가슴살, 두부, 구운 채소에 특히 잘 어울린다.

16 식초 샐러드드레싱에 상큼함을 주는 핵심 재료다. 기름기 있는 고기나 생선의 느끼함을 없애주고 드레싱의 균형을 잡아주는 중요한 역할을 한다. 식초의 종류에 따라 과일 향, 발효 향 등 다양한 풍미를 샐러드에 더할 수 있다.

2 샐러드 재료 손질과 보관법

기본 채소 손질과 보관법

1. 샐러드 채소는 신선도와 아삭한 식감 유지가 핵심이다. 흐르는 물에 이물질이나 흙을 1차로 씻어낸 후 차가운 물 1리터에 식초 1T를 섞어 5분간 담가둔 뒤 헹궈준다.
2. 깨끗하게 세척한 채소는 샐러드 스피너나 키친타월을 사용해 물기를 완전히 제거한다. 물기가 제거되어야 드레싱이 잘 스며들고 채소도 오래 보관할 수 있다.
3. 잎채소는 손으로 크게 찢어준 후 밀폐용기에 키친타월을 깔고 채소를 넣은 후 냉장 보관한다.
   TIP 칼보다는 손으로 찢어야 채소의 신선도 유지에 좋다.
4. 손질한 잎채소는 2~3일 내 소비한다.

아보카도 후숙하기

단단한 아보카도를 실온에서 익히는 과정이다. 아보카도는 후숙이 잘 되어야 버터처럼 부드러운 식감을 즐길 수 있다. 아보카도는 20~25도 온도의 실내에 두면 자연스럽게 후숙이 된다.

TIP 아보카도를 후숙하는 동안에는 냉장 보관하지 않는다(후숙이 지연된다). 후숙이 완료된 아보카도는 키친타월로 감싸 냉장 보관하고, 3~4일 내 사용한다.

후숙이 안 된 아보카도
껍질이 진한 초록색을 띠며 손으로 눌렀을 때 딱딱하다.

후숙이 잘된 아보카도
껍질이 갈색빛이 돌며 손으로 눌렀을 때 살짝 들어가는 정도다.

아보카도 손질하기

후숙된 아보카도는 칼로 과육을 잘라 손질한다.

1. 잘 익은 아보카도에 칼날을 씨가 닿을 때까지 넣는다. 칼을 넣은 상태로 아보카도를 360도 돌려가며 칼집을 낸다.

2. 아보카도를 양손으로 잡고 비틀어서 반으로 가른다.

3. 칼날로 아보카도의 씨를 찍은 다음 돌려서 과육과 분리한다. 껍질을 벗긴 후 원하는 크기로 자르거나 슬라이스하여 사용한다.

견과류 전처리하기

호두, 피칸, 캐슈너트, 아몬드 등의 견과류는 샐러드에 사용하기 전에 전처리를 한다. 견과류의 맛과 향을 살리고, 바삭한 식감을 주기 위해 꼭 필요한 과정이다.

1. 호두를 끓는 물에 넣어 약 1분간 삶은 후 체에 내려 물기를 빼준다.
2. 키친타월 위에 호두를 올리고 물기를 다시 한번 꼼꼼히 닦아준다.
3. 에어프라이어 팬 위에 물기를 닦은 호두를 고르게 펼쳐준 후 160도에서 약 8분간 굽는다.
4. 구운 호두는 완전히 식힌 후 요리에 사용한다.

   TIP 사용하고 남은 견과류는 밀폐 용기에 담아 서늘한 곳에 보관한다. 단, 산패 우려가 있으므로 10일 이내에 사용하는 것이 좋다.

샐러드용 곡물 삶기

병아리콩 병아리콩 200g, 물 1000ml, 소금 1t

1. 볼에 병아리콩과 병아리콩이 잠길 정도의 물을 붓고 하루 동안 불린다.
2. 냄비에 물과 소금, 불린 병아리콩을 넣고 20분간 삶는다. 삶은 병아리콩은 체에 내려 물기를 제거하고 식혀준다.

렌틸콩   렌틸콩 100g, 월계수 잎 2장, 물 1000ml, 소금 1t

1. 렌틸콩은 흐르는 물에 깨끗하게 씻어 준다.
2. 냄비에 렌틸콩, 물, 소금, 월계수 잎을 넣고 중불로 약 20분간 삶는다. 삶은 렌틸콩은 체에 내려 물기를 제거하고 식혀준다.

퀴노아   퀴노아 1/2컵, 소금 1t, 물 2컵

1. 퀴노아를 체에 담고 흐르는 물에 씻어준다.
2. 냄비에 퀴노아, 물, 소금을 넣고 끓기 시작하면 중불에서 8분 정도 삶는다. 삶은 퀴노아는 체에 내려 물기를 제거하고 식혀준다.

현미   현미 300g, 물360g

1. 현미는 흐르는 물에 씻은 후 2시간 정도 불린다.
2. 전기밥솥에 현미와 분량의 물을 넣고 잡곡 취사를 해준다.

그래놀라 만들기

그래놀라는 오트밀, 견과류, 시럽 등을 섞어 오븐에 구워서 만든 바삭하고 고소한 시리얼 스낵이다. 샐러드의 토핑으로 사용하거나 요거트와 함께 먹으면 좋다.

재료
피칸 50g
올리브오일 30g
메이플 시럽 50g
갈색 설탕 30g
소금 2g
오트밀 100g
아몬드 슬라이스 35g
말린 크랜베리 30g
코코넛칩 30g

1. 전처리한 피칸을 굵게 다진다.
2. 냄비에 올리브오일, 메이플 시럽, 갈색 설탕, 소금을 넣고 끓기 시작하면 불을 끈다.
3. 볼에 오트밀, 아몬드 슬라이스, 다진 피칸을 넣는다.
4. 끓인 시럽을 붓고 잘 섞어준다.
5. 에어프라이어 팬에 그래놀라를 넓게 펼쳐준 후 170도에서 10분 굽는다.
6. 중간에 한 번 꺼내어 다시 한 번 골고루 섞어준다.
7. 160도에서 15분 더 구워서 그래놀라가 전체적으로 황금색이 되면 완성이다.
   TIP 오븐마다 성능이 다르므로 그래놀라의 색을 보고 굽는 시간을 조절한다.
8. 구워진 그래놀라에 말린 크랜베리와 코코넛칩을 넣고 잘 섞어준다.
9. 완성된 그래놀라가 완전히 식으면 밀폐 용기에 담아 햇빛이 들지 않는 서늘한 곳에 둔다. 실온에서 약 2주간 보관할 수 있다.

3 만들어두면 유용한 저장식 샐러드

당근 라페

당근 라페는 프랑스에서 많이 먹는 가정식 샐러드로, 잘게 채 썬 당근을 상큼한 오일 드레싱에 버무려 만드는 쉽고 간단한 건강 메뉴예요. 완성한 당근 라페는 샌드위치 속 재료나 브런치 플레이트에 활용하면 좋고, 채소 샐러드에 넣으면 아삭하게 씹히는 식감과 산뜻한 맛이 더해집니다.

재료
당근 250g
엑스트라 버진 올리브오일 2T
화이트와인 식초 1T
레몬즙 1T
홀그레인 머스터드 2t
알룰로스 2t
소금 2꼬집
후추 1꼬집

1. 당근을 제외한 모든 재료를 볼에 넣고 잘 섞어준다.
2. 당근을 가늘게 채 썬다.
3. 채 썬 당근을 1의 볼에 담고 잘 섞는다.
4. 냉장고에서 4시간 이상 숙성한 후 먹는다.
   TIP 일주일간 냉장 보관이 가능하다. 중간에 한 번 꺼내어 다시 한번 골고루 섞어준다.

수제 선드라이 토마토

선드라이 토마토는 이탈리아나 스페인 등 지중해 연안의 나라에서 자주 쓰는 식재료 중 하나로 토마토를 건조해 올리브오일에 담가 토마토의 진한 감칠맛을 느낄 수 있어요. 샐러드나 파스타, 오픈 샌드위치나 피자의 토핑 등에 다양하게 활용해보세요.

재료
방울토마토 500g
소금 1t
엑스트라 버진 올리브오일 적당량
마늘 3쪽
생로즈마리 또는 생바질 잎 적당량

1. 깨끗하게 세척한 방울토마토를 반으로 자른다. 마늘은 슬라이스한다.
2. 오븐 팬 위에 방울토마토를 자른 단면이 위를 향하도록 올린다.
3. 토마토 위에 소금과 올리브유를 살짝 뿌려준 후 100도로 예열된 오븐에 넣고 약 3시간 동안 말린다.
4. 열탕 소독한 유리병에 건조한 토마토, 생로즈마리 또는 생바질, 슬라이스한 마늘을 넣고 올리브오일을 병에 가득 부어준다.
5. 냉장고에서 2~3일간 숙성한 후 먹는다.
   TIP 일주일간 냉장 보관이 가능하다.

모둠 채소 피클

상큼하고 아삭한 식감 덕분에 메인 요리의 맛을 돋워주는 채소 피클. 평소에 잘 먹지 않던 채소도 피클로 담가두면 샌드위치나 햄버거의 속 재료에 쓰기 좋고, 스테이크나 바비큐를 먹을 때 곁들이면 느끼함은 잡아주고 입맛을 돋우지요. 매운 맛을 좋아한다면 재료에 청양고추를 추가로 썰어 넣어도 좋아요.

재료
양파 1개
오이 1개
파프리카 1개
무 1/5개
당근 1개

피클 절임물
물 4컵
식초 2컵
설탕 2컵
피클링 스파이스 2T
통후추 10알
월계수 잎 4장

1. 모든 채소는 깨끗하게 씻은 후 먹기 좋은 사이즈로 자른다.
2. 손질한 채소를 열탕 소독한 유리병에 담는다.
3. 냄비에 피클 절임물 재료를 모두 넣고 설탕이 녹을 정도로만 끓여준다.
4. 피클 절임물이 끓으면 뜨거운 상태로 채소에 부어준다.
5. 실온에서 유리병째 식힌 후 뚜껑을 덮어 냉장고에 넣는다. 이틀간 숙성한 후 먹는다.

방울토마토 마리네이드

신선한 토마토를 허브, 올리브오일, 식초 등에 재워 숙성시킨 상큼하고 깊은 맛의 저장식 샐러드예요. 토마토는 올리브오일과 함께 먹으면 영양소의 흡수를 높일 수 있는데요, 이 마리네이드는 단독으로 먹어도 맛있고 빵 위에 얹어 먹거나 브런치 플레이트의 곁들임으로도 좋답니다.

재료
방울토마토 500g
생바질 잎 5장
양파 1/6개
엑스트라 버진 올리브오일 3T
알룰로스 2T
발사믹 식초 2T
레몬즙 2T
후추 2꼬집
소금 2꼬집

1. 깨끗하게 세척한 방울토마토의 꼭지를 제거한 후 열십자 모양으로 칼집을 내준다.

2. 끓는 물에 토마토를 30초간 데친다. 건져서 곧바로 찬물에 담가 열기를 빼준 후 껍질을 제거한다.

3. 바질 잎과 양파는 잘게 다진다.

4. 볼에 데친 방울토마토와 모든 재료를 넣고 잘 섞어준 후 열탕 소독한 유리병에 넣는다.

5. 유리병을 냉장고에 넣고 하루 숙성한 후 먹는다.
   TIP 일주일간 냉장 보관이 가능하다.

코울슬로

미국 남부 스타일로 얇게 채 썬 양배추에 당근을 비롯한 다양한 채소, 마요네즈 베이스 드레싱을 넣어 버무린 샐러드예요. 한 번에 넉넉하게 만들어 냉장고에 보관했다가 햄버거나 샌드위치의 속 재료로 쓰기 좋고, 치킨이나 고기 요리와 함께 먹어도 잘 어울려요.

재료
양배추 200g
당근 1/4개
양파 1/4개
소금 1t

소스
마요네즈 2T
플레인 요거트 2T
설탕 2t
레몬즙 2t
후추 2꼬집

1. 양배추와 당근을 채 썬다. 양파는 슬라이스한다.
2. 채 썬 양배추와 당근에 소금을 뿌려 40분간 재워준 후 물기를 꼭 짜준다.
3. 볼에 2의 절인 당근과 양배추, 슬라이스한 양파, 소스 재료를 모두 넣고 잘 섞는다.
4. 열탕 소독한 유리병에 담아준다.

    TIP 5일간 냉장 보관이 가능하다.

아스파라거스 피클

섬유질이 풍부하게 함유된 채소인 아스파라거스는 오래 보관하면 식감이 질겨지므로 피클로 담그면 더욱 오래 맛있게 먹을 수 있어요. 특히 예쁜 모양 덕분에 독특하면서도 고급스러운 느낌을 주니, 브런치나 파스타, 구운 고기 플레이트에 포인트로 곁들여보세요. 은은한 허브 향과 아스파라거스의 아삭한 식감이 어우러져 입안 가득 싱그러움을 전해준답니다.

재료
아스파라거스 20대

피클 절임물
물 2컵
식초 1컵
설탕 1컵
피클링 스파이스 1T
월계수 잎 2장
소금 1t

1. 깨끗하게 세척한 아스파라거스의 두꺼운 부분을 감자 필러로 깎아준다.
2. 열탕 소독한 유리병에 아스파라거스를 가지런히 넣는다.
3. 냄비에 피클 절임물 재료를 모두 넣고 설탕이 녹을 정도로만 끓여준다.
4. 피클 절임물이 끓으면 뜨거운 상태로 아스파라거스에 부어준다.
5. 실온에서 유리병째 식힌 후 뚜껑을 덮어 냉장고에 넣는다. 이틀간 숙성한 후 먹는다.

수제 마요네즈

시중에서 판매되는 마요네즈는 방부제나 첨가물이 포함된 경우가 많아요. 이제 집에서도 간단하게 건강한 마요네즈를 만들어보세요. 기본 마요네즈와 비건(두유) 마요네즈 2가지 레시피를 준비했어요.

기본 마요네즈
달걀 1개
레몬즙 1T
디종 머스터드 2t
포도씨 오일 250ml
소금 1/4t

두유 마요네즈(비건)
두유 100ml
포도씨 오일 150ml
알룰로스 2T
레몬즙 1T
소금 2g

1. 원하는 마요네즈 재료를 블렌더에 넣어준다.
2. 블렌더 용기의 아래부터 시작해서 위까지 천천히 움직이며 전체적으로 하얗고 걸쭉해질 때까지 갈아준다.

샐러드 재료별 잘 어울리는 추천 드레싱

드레싱은 샐러드의 맛을 결정하는 중요한 요소입니다. 같은 채소, 같은 재료라도 어떤 드레싱을 곁들이냐에 따라 완전히 다른 요리로 완성되어요. 이 책에서는 다양한 샐러드 스타일에 어울리는 40여 가지의 드레싱을 소개했습니다. 아래 예시에서 소개하는 이 책의 메뉴와 매칭된 드레싱 외에도 좋아하는 식재료나 취향에 따라 나만의 샐러드와 드레싱 조합을 만들어보세요.

고기 샐러드에 어울리는 드레싱

간장 레몬 드레싱
p. 109
생연어 포케

간장 유자 드레싱
p. 117
두부 문어 포케

갈릭 발사믹 드레싱
p. 91
구운 양배추 스테이크

고추 라임 피시소스
p. 193
베트남 치킨 샐러드

매콤 분짜 드레싱
p. 197
분짜 샐러드

머스터드 갈릭 드레싱
p. 137
니스 샐러드

발사믹 오리엔탈 드레싱
p. 181
차가운 돼지고기 수육 샐러드

발사믹 오일 드레싱
p. 61
밀프렙 샐러드

발사믹 쪽파 드레싱
p. 75
알배추 샐러드

어니언 머스터드 드레싱
p. 185
훈제 오리 샐러드

어니언 발사믹 드레싱
p. 99
버섯 수란 샐러드

오리엔탈 드레싱
p. 125
큐브 스테이크 샐러드볼

토마토 오일 드레싱
p. 177
관자 아보카도 샐러드

해산물 샐러드에 어울리는 드레싱

간장 레몬 드레싱
p. 109
생연어 포케

간장 유자 드레싱
p. 117
두부 문어 포케

갈릭 크림치즈 드레싱
p. 103
문어 감자 샐러드

딜 요거트 드레싱
p. 49
오이 샐러드

레몬 마요 드레싱
p. 173
새우 레몬 샐러드

레몬 머스터드 드레싱
p. 65
쉬라즈 샐러드

레몬 허니 드레싱
p. 133
쿠스쿠스 샐러드

매콤 분짜 드레싱
p. 197
분짜 샐러드

머스터드 갈릭 드레싱
p. 137
니스 샐러드

미소 참깨 드레싱
p. 129
구운 연어 샐러드

와사비 간장 드레싱
p. 121
참치 포케

처빌 화이트 비네그레트 드레싱
p. 159
딸기 부라타 치즈 샐러드

칠리 마요 드레싱
p. 113
새우 포케

토마토 오일 드레싱
p. 177
관자 아보카도 샐러드

프렌치 드레싱
p. 219
판자넬라 샐러드

허브 오일 드레싱
p. 189
훈제 연어 달걀 샐러드

과일 샐러드에 어울리는 드레싱

딜 요거트 드레싱 p. 49 오이 샐러드

땅콩 레몬 드레싱 p. 155 아사이베리 볼

땅콩버터 드레싱 p. 167 땅콩버터 사과 샐러드

레몬 허니 드레싱 p. 133 쿠스쿠스 샐러드

메이플 요거트 드레싱 p. 163 바나나 샐러드

민트 오일 드레싱 p. 151 수박 페타 치즈 샐러드

발사믹 메이플 드레싱 p. 57 그릭 요거트 토마토 샐러드

사워크림 드레싱 p. 207 오이 감자 샐러드 샌드위치

처빌 화이트 비네그레트 드레싱 p. 159 딸기 부라타 치즈 샐러드

크림치즈 드레싱 p. 79 감자 뇨키 샐러드

프렌치 드레싱 p. 219 판자넬라 샐러드

화이트 비네그레트 드레싱 p. 147 리코타 치즈 샐러드

채소의 맛을 살려주는 드레싱

갈릭 마요 딥
p. 45
채소 스틱

갈릭 발사믹 드레싱
p. 91
구운 양배추 스테이크

두부 땅콩 딥
p. 45
채소 스틱

딜 요거트 드레싱
p. 49
오이 샐러드

레몬 머스터드 드레싱
p. 65
쉬라즈 샐러드

레몬 허니 드레싱
p. 133
쿠스쿠스 샐러드

머스터드 오일 드레싱
p. 95
단호박 샐러드

민트 오일 드레싱
p. 151
수박 페타 치즈 샐러드

바질 마요 딥
p. 45
채소 스틱

발사믹 메이플 드레싱
p. 57
그릭 요거트 토마토 샐러드

발사믹 오일 드레싱
p. 61
밀프렙 샐러드

발사믹 쪽파 드레싱
p. 75
알배추 샐러드

사워크림 드레싱
p. 207
오이 감자 샐러드 샌드위치

어니언 발사믹 드레싱
p. 99
버섯 수란 샐러드

참깨 마요 드레싱
p. 53
찐 채소 샐러드

크림치즈 드레싱
p. 79
감자 뇨키 샐러드

프렌치 드레싱
p. 219
판자넬라 샐러드

화이트 비네그레트 드레싱
p. 147
리코타 치즈 샐러드

한 번 장 봐서 만드는 일주일 샐러드 플랜

재료는 최소한, 메뉴는 최대로! 겹치는 재료를 활용해 식재료 낭비 없이 5일 내내 새로운 샐러드를 즐길 수 있어요.

플랜 A

기본 장보기 재료

채소류	토마토, 샐러드 채소, 양파, 오이, 양배추
곡물	병아리콩, 현미밥, 쿠스쿠스
기타	아보카도, 연어, 달걀, 두유

Day 1

생연어 포케
p. 108

Day 2

후무스 샐러드
p. 68

Day 3

쉬라즈 샐러드
p. 64

Day 4

쿠스쿠스 샐러드
p. 132

Day 5

병아리콩 스무디 p. 226
+ 올인원 믹스 샐러드

마지막 날에는 남은 재료를 모두 활용
(채소류 + 병아리콩 + 토마토 + 오이)하고,
앞 페이지의 드레싱 인덱스를 참고하여
원하는 드레싱을 곁들여주세요.

플랜 B

기본 장보기 재료

채소류	가지, 단호박, 당근, 브로콜리, 버섯, 감자, 양배추
과일, 허브	사과, 바질
기타	말린 크랜베리, 아몬드 슬라이스, 토마토소스, 아몬드밀크, 크림치즈

Day 1

찐 채소 샐러드
p. 52

Day 2

채소 라자냐
p. 84

Day 3

단호박 샐러드
p. 94

Day 4

채소 수프
p. 230

Day 5

사과, 당근, 양배추 스무디
p. 228

플랜 C

기본 장보기 재료

채소류	오이, 토마토, 당근, 샐러드 채소, 양파, 단호박
육류, 견과류	닭안심, 말린 크랜베리, 호두, 땅콩, 그래놀라
기타	치즈, 크림치즈, 호두, 그릭 요거트, 호밀빵

Day 1

베트남 치킨 샐러드
p. 192

Day 2

오이 샐러드
p. 48

Day 3

닭가슴살 크랜베리 샐러드 샌드위치
p. 210

Day 4

그릭 요거트 토마토 샐러드
p. 56

Day 5

토마토 치킨 수프
p. 234

Refreshing Salad

CHAPTER 2

가벼운 샐러드

채소 스틱과 3가지 딥 소스
Veggie sticks

알록달록 채소의 색감과 아삭한 식감을 그대로 살린 건강하고 간단한 샐러드.
다양한 딥 소스와 함께 즐기면 몸과 기분까지 가벼워져요. 채소 스틱은 손으로 집어서 먹기에 좋아
브런치는 물론 캐주얼 다이닝, 케이터링 메뉴로도 잘 어울립니다.

기본 재료

당근 1/2개
오이 1/2개
셀러리 1/2대
파프리카 1/2개

갈릭 마요 딥

미소 된장 1T
마요네즈 2T
알룰로스 1T
레몬즙 2t
구운 참깨 1T
참기름 1t
후추 1꼬집

두부 땅콩 딥

두부 80g
엑스트라 버진 올리브오일 4T
무가당 땅콩버터 2T
볶은 땅콩 30g
레몬즙 1t

바질 마요 딥

두유 50g
포도씨유 75g
바질 잎 6g
파마산 치즈 가루 10g
알룰로스 1T
소금 2꼬집

1. 볼에 갈릭 마요 딥의 모든 재료를 넣고 잘 섞어준다.

2. 두부 땅콩 딥은 키친타월로 두부의 수분을 충분히 제거한 후 모든 재료를 블렌더에 넣고 곱게 갈아준다.

3. 바질 마요 딥은 모든 재료를 블렌더에 넣고, 용기 아래부터 위까지 천천히 움직이며 부드러운 마요네즈가 될 때까지 갈아준다.

4. 분량의 채소를 깨끗하게 씻어준 후 물기를 제거한다.

5. 모든 채소를 약 1.5.cm 두께로 길게 잘라준다.

6. 유리컵에 보기 좋게 꽂아주고, 3가지 딥을 곁들인다.

(5)

(6)

오이 샐러드

Cucumber Salad

바쁜 일상에서 빠르고 쉽게 만들 수 있는 간단한 샐러드예요.
오이 특유의 시원하고 산뜻한 맛이 좋아서, 다양한 음식과 곁들여도 좋고
빵에 얹어 오픈 샌드위치처럼 즐겨도 잘 어울립니다.

기본 재료

오이 2개
딜 2줄기
래디시 3개
소금 조금
장식용 식용 꽃 약간

딜 요거트 드레싱

그릭 요거트 5T
엑스트라 버진 올리브오일 2T
다진 딜 2t
다진 마늘 1/2t
레몬즙 1T
꿀 1T
소금 1꼬집
후추 1꼬집

1. 볼에 딜 요거트 드레싱의 모든 재료를 담고 잘 섞어준다.

2. 오이는 깨끗하게 씻어 물기를 제거한 후 양 끝을 칼로 자르고 필러로 얇게 슬라이스한다.

3. 슬라이스한 오이에 소금을 조금 뿌리고 10분 정도 둔 다음, 키친타월로 수분을 제거한다.

4. 딜은 줄기를 제거한 다음 알맞게 자르고, 래디시는 얇게 슬라이스한다.

5. 접시에 딜 요거트 드레싱을 바른 후, 오이를 얹어준다.

6. 딜과 래디시를 보기 좋게 올린다. 장식용 식용 꽃을 더해준다.

(2)　　　　　　　　　　　　　　　　　　(3)

(5-1)　　　　　　　　　　　　　　　　　(5-2)

(6-1)　　　　　　　　　　　　　　　　　(6-2)

(6-3)

찐 채소 샐러드
Steamed Vegetable Salad

신선한 채소를 찜기로 부드럽게 쪄내어 고소한 드레싱과 함께 즐기는 담백한 샐러드예요.
채소를 스팀으로 익히면 영양소의 손실도 적고 식감이 부드러워져 소화가 잘되고
속이 편한 것이 가장 큰 장점이랍니다.

기본 재료

단호박
콜리플라워
연근
당근
애호박
가지

참깨 마요 드레싱

두유 마요네즈 3T (33쪽 참고)
레몬즙 2T
곱게 간 참깨 3T
꿀 1T
소금 2꼬집

1. 볼에 참깨 마요 드레싱의 모든 재료를 담고 잘 섞어준다.
2. 채소를 깨끗하게 씻은 다음 먹기 좋은 크기로 자른다.
3. 김이 오른 찜기에 채소를 보기 좋게 올리고, 8분 정도 찐다.
4. 찐 채소를 접시에 담고 드레싱을 곁들여준다.

(2)

(3-1)

(3-2)

그릭 요거트
토마토 샐러드

Greek Yogurt Tomato Salad

상큼하고 촉촉한 토마토 안에 진하고 크리미한 그릭 요거트가 들어 있어요.
토마토와 함께 고소한 그릭 요거트가 입안에서 부드럽게 퍼지고
달콤한 드레싱이 맛에 포인트를 준답니다.

기본 재료

토마토 1개
그릭 요거트 120g
그래놀라 5T(26쪽 참고)
장식용 바질 약간

발사믹 메이플 드레싱

엑스트라 버진 올리브오일 2T
메이플 시럽 3t
발사믹 식초 3t
레몬즙 1T
소금 1꼬집
후추 1꼬집

1. 볼에 발사믹 메이플 드레싱의 모든 재료를 담고 잘 섞어준다.
2. 토마토 윗부분에 십자 모양으로 칼집을 낸 다음 끓는 물에 살짝 데친다.
3. 데친 토마토는 곧바로 찬물에 담가 식히고 껍질을 제거한다.
4. 토마토의 속을 스푼으로 파낸 후 그릭 요거트를 채운다. 냉장고에 1시간 동안 넣어둔다.
5. 접시에 그래놀라를 담은 후 그릭 요거트 토마토를 올린다.
6. 바질로 장식하고 드레싱을 곁들여 낸다.

(2-1)　(2-2)
(3)　(4-1)
(4-2)　(4-3)

밀프렙 샐러드

Meal Prep Salad

다양한 재료를 미리 손질해 투명한 유리 보틀에 차곡차곡 넣어 만든 샐러드예요.
미리 만들어서 냉장고에 넣어두면 보관하기도 좋아, 바쁜 현대인을 위한
'하루 한 끼 샐러드 도시락'으로 추천합니다. 포인트는 단단한 재료부터 순서대로 담도록 하고,
무르거나 눅눅해지는 재료가 있다면 따로 담아주는 거예요.

기본 재료

메추리알 5알
오이 1/4개
적양파 1/6개
파프리카 1/4개
래디시 1개
샐러드 채소 적당량
방울토마토 5알
옥수수콘 3T
삶은 병아리콩 3T
블랙 올리브 약간

발사믹 오일 드레싱

엑스트라 버진 올리브오일 3T
발사믹 식초 2T
레몬즙 1T
소금 2꼬집
후추 2꼬집

1. 볼에 발사믹 오일 드레싱의 모든 재료를 담고 잘 섞어준다.

2. 메추리알은 삶아서 껍질을 제거한다.

3. 오이, 적양파, 파프리카는 작게 자르고 래디시는 얇게 슬라이스 한다.

4. 샐러드 채소는 깨끗하게 씻어 물기를 제거한다.

5. 유리 보틀에 메추리알, 방울토마토, 병아리콩, 오이, 적양파, 래디시, 파프리카, 옥수수콘, 샐러드 채소, 블랙 올리브 순서로 넣어준다. 단단한 재료 순으로 담는 것이 좋다.

6. 샐러드를 냉장고에 넣어 보관하고, 먹을 때는 접시에 덜어 드레싱과 곁들인다.

(2~4)

(5-1)

(5-2)

(5-3)

(5-4)

쉬라즈 샐러드

Shirazi Salad

이란의 남부 도시인 쉬라즈에서 유래된 요리로 오이, 토마토, 양파 등을 잘게 썰어 레몬, 소금, 후추로 맛을 낸 샐러드예요. 육류 요리나 케밥에 곁들여 먹기도 하고, 차갑게 단독으로 먹으면 시원하게 입맛을 살려줍니다. 이 샐러드에 파스타 면을 넣으면 가벼운 한 끼 식사로도 훌륭하지요.

기본 재료

토마토 2개
오이 1개
양파 1/2개
파프리카 1개
다진 이탈리안 파슬리 1T
스파게티 면 100g
물 1리터
소금 10g
엑스트라 버진 올리브오일 1T
와일드 루콜라 적당량

레몬 머스터드 드레싱

엑스트라 버진 올리브오일 3T
화이트와인 식초 1T
홀그레인 머스터드 1t
레몬즙 1T
알룰로스 1T
소금 2꼬집
후추 2꼬집

1. 볼에 레몬 머스터드 드레싱의 모든 재료를 담고 잘 섞어준다.

2. 토마토, 오이, 양파, 파프리카는 깨끗하게 씻어 물기를 제거한 후 잘게 썰어준다.

3. 양파는 찬물에 10분간 담가 알싸한 맛을 제거한다.

4. 볼에 잘게 썬 채소, 이탈리안 파슬리를 넣고 레몬 머스터드 드레싱을 부어 골고루 섞는다.

5. 끓는 물에 소금을 넣고 스파게티 면을 7분간 삶는다. 익은 스파게티의 물기를 제거한 다음 올리브오일을 섞어 식힌다.

6. 접시에 샐러드를 담고, 파스타를 곁들인다. 취향에 따라 와일드 루콜라를 얹어준다.

(2) 　　　　　　　　　　　　　　　(4)

(5)　　　　　　　　　　　　　　　(6-1)

(6-2)

후무스 샐러드

Hummus Salad

탄수화물은 줄이고 식물성 단백질을 듬뿍 채울 수 있는 건강한 샐러드예요.
병아리콩은 식이섬유가 많아 장 건강에 좋고 포만감이 오래가서 과식을 예방할 수 있어요.
후무스는 빵에 스프레드 대신 발라 샌드위치를 만들어도 좋고,
채소 스틱의 딥 소스로도 활용할 수 있어요.

기본 재료

방울토마토 4개
샐러드 채소(어린잎) 2줌
엑스트라 버진 올리브오일 1T
장식용 허브 약간

병아리콩 후무스

삶은 병아리콩 250g
레몬즙 3T
마늘 1쪽
엑스트라 버진 올리브오일 50ml
소금 1t

화이트 발사믹 드레싱

엑스트라 버진 올리브오일 2T
레몬즙 2t
화이트 발사믹 식초 1T
소금 1꼬집
후추 1꼬집

1. 볼에 화이트 발사믹 드레싱의 모든 재료를 담고 잘 섞어준다.

2. 병아리콩 후무스의 모든 재료를 블렌더에 넣고 부드럽게 갈아준다.

3. 방울토마토는 반으로 자르고, 샐러드 채소는 씻어서 물기를 제거한다.

4. 접시에 후무스를 넓게 올린다. 후무스에 올리브오일 1T를 골고루 뿌려준다.

5. 그 위에 방울토마토, 샐러드 채소를 올린다.
   허브로 장식하고 드레싱과 함께 낸다.

Warm Salad

CHAPTER 3

따뜻한 샐러드

알배추 샐러드

Napa Cabbage Salad

알배추를 구우면 고소하고 달큰한 맛이 더해져 더욱 깊이 있는 풍미의 요리가 됩니다.
이 샐러드는 고기 요리의 사이드 메뉴로도 잘 어울리고, 오일 파스타에 곁들여 먹어도 좋아요.

기본 재료

알배추 1/2개
소금 약간
후추 약간
화이트와인 식초 4T
엑스트라 버진 올리브오일 4T
베이컨 3줄
쪽파 1줄기
선드라이 토마토 4개(28쪽 참고)
파르미지아노 레지아노 치즈 3T

발사믹 쪽파 드레싱

발사믹 식초 3T
엑스트라 버진 올리브오일 3T
꿀 1T
다진 쪽파 2T
소금 1꼬집
후추 1꼬집

1. 볼에 발사믹 쪽파 드레싱의 모든 재료를 담고 잘 섞어준다.

2. 알배추는 깨끗하게 세척 후 물기를 제거한다.

3. 알배추를 세로로 길게 반으로 잘라준 후 소금, 후추, 화이트와인 식초, 올리브오일을 배추 안쪽까지 고르게 뿌려준다. 알배추를 이대로 15분간 재워준다.

4. 180도로 예열된 오븐에서 알배추를 약 10분간 굽는다.

5. 베이컨은 바삭하게 구운 후 키친타월로 기름을 제거한 후 작게 잘라준다.

6. 깨끗하게 세척한 쪽파와 선드라이 토마토를 잘게 잘라준다.

7. 접시에 구운 알배추를 담고 베이컨과 다진 쪽파, 선드라이 토마토, 파르미지아노 레지아노 치즈를 순서대로 뿌려준다. 드레싱을 곁들여 낸다.

(2)

(3)

(4)

(5)

(7-1)

(7-2)

(7-3)

감자 뇨키 샐러드

Potato Gnocchi Salad

뇨키는 이탈리아 전통 파스타의 한 종류로, 감자를 주재료로 만들어 부드럽고 쫀득한 식감을 지니고 있어요. 직접 만들어 구운 뇨키에 신선한 채소와 상큼한 당근 라페를 곁들이면 브런치나 손님 초대 요리로도 손색이 없지요.

기본 재료

물 1000ml(뇨키 삶는 용)
소금 10g(뇨키 삶는 용)
엑스트라 버진 올리브오일 2T
버터 1T
시금치 1줌
그라나 파다노 치즈 2T
당근 라페 적당량(27쪽 참고)

뇨키 반죽

감자 150g
강력분 30g
노른자 10g
그라나 파다노 치즈 1T
소금 2꼬집
후추 2꼬집

크림치즈 드레싱

크림치즈 100g
꿀 2T
레몬즙 2T
후추 2꼬집
소금 2꼬집

1. 볼에 크림치즈 드레싱의 모든 재료를 담고 잘 섞어준다.

2. 감자를 깨끗하게 세척한 후 필러로 껍질을 제거한다.

3. 감자를 4등분한 후 전자레인지 용기에 넣어 랩을 씌우고, 8분간 익힌다.

4. 감자를 한 김 식힌 후 뇨키 반죽 재료를 모두 넣고 잘 섞어 뭉친다.

5. 반죽을 긴 원통 모양으로 만들고, 먹기 좋은 크기로 썰어준다.

(6-1) 　　(6-2)　　(6-3) 　　(7)

6. 냄비에 분량의 물과 소금을 넣고 물이 끓기 시작하면 뇨키를 넣는다. 뇨키가 물 위로 떠오르면 건져서 바로 찬물에 담가 식힌 후 물기를 제거한다.

7. 프라이팬에 올리브오일과 버터를 넣고 뇨키를 앞뒤로 노릇하게 구워준다.

8. 시금치는 깨끗하게 씻은 후 물기를 제거한다.

9. 접시에 크림치즈 드레싱을 골고루 펴 바른다.

10. 그 위에 구운 뇨키와 시금치를 순서대로 올린 후 그라나 파다노 치즈를 갈아서 뿌린다. 기호에 따라 당근 라페를 곁들인다.

(9) (10-1)

(10-2) (10-3)

채소 라자냐

Vegetable Lasagna

다양한 채소와 치즈를 듬뿍 넣어 건강하면서도 풍성한 맛을 즐길 수 있는 특별한 라자냐예요.
파스타 대신 채소를 쓰면 칼로리는 낮아지고 섬유질은 많아지니 소화도 잘되고 포만감도 오래갑니다.
색색의 채소가 층층이 쌓인 모습이 예뻐서 손님 초대 요리로도 추천합니다.

기본 재료

가지 2개
애호박 1개
새송이버섯 2개
엑스트라 버진 올리브오일 4T
소금 3꼬집
후추 3꼬집
토마토소스 300g
모차렐라 치즈 100g
파르미지아노 레지아노 치즈 50g
생바질 4g

1. 가지와 애호박을 감자칼로 얇고 길게 슬라이스한다.

2. 새송이버섯도 얇게 슬라이스해준다.

3. 슬라이스한 채소에 올리브오일과 소금, 후추를 뿌려준다.

4. 달군 팬에 모든 채소를 앞뒤로 살짝 굽는다.

5. 오븐 용기에 애호박을 깔아준 후 토마토소스를 골고루 바른다. 그 위에 파르미지아노 레지아노 치즈를 뿌려준다. 새송이버섯과 가지도 같은 순서로 반복한다.

(1~2)   (3)

(4)   (5-1)

(5-2)   (5-3)

6. 맨 위에 토마토소스를 골고루 바르고 모차렐라 치즈를 뿌린다.

7. 모차렐라 치즈 위에 생바질을 올리고 파르미지아노 레지아노 치즈를 갈아서 뿌린다.

8. 170도 오븐에서 치즈가 노릇하게 익을 때까지 15분간 굽는다.

9. 완성된 라자냐에 생바질을 올려 마무리한다.

(5-4)

(5-5)

(6-1)

(6-2)

(7-1)

(7-2)

구운 양배추 스테이크

Roasted Cabbage Steak

양배추를 두껍게 슬라이스해 스테이크처럼 구워주면 평범한 채소가 훌륭한 요리로 완성됩니다.
겉은 노릇노릇 바삭하고, 속은 부드럽고 촉촉한 식감을 즐길 수 있어요.
곡물을 넣은 샐러드나 곁들임 채소, 카라멜라이즈한 양파와 함께 먹어도 잘 어울려요.

기본 재료

슬라이스한 양배추(두께 3cm) 1토막
엑스트라 버진 올리브오일 1T
소금 2꼬집
후추 2꼬집
토마토 1/2개
버터 1T
에멘탈 치즈 2T
아스파라거스 피클 2개(32쪽 참고)
장식용 파슬리 약간

갈릭 발사믹 드레싱

다진 마늘 1t
발사믹 식초 2T
엑스트라 버진 올리브오일 1T
꿀 1T
레몬즙 1T
소금 1꼬집
후추 1꼬집

1. 볼에 갈릭 발사믹 드레싱의 모든 재료를 담고 잘 섞어준다.

2. 양배추에 올리브오일, 소금, 후추를 뿌려준다.

3. 토마토는 4등분하여 잘라준다.

4. 프라이팬에 올리브오일을 두르고 양배추를 올려 앞뒤로 노릇하게 굽는다.

5. 양배추가 어느 정도 구워졌을 때 버터를 넣어 양배추에 버터 향이 고르게 배도록 한다.

6. 같은 팬에 토마토를 넣고 살짝 구워준다.

7. 접시에 구운 양배추를 담고 그 위에 에멘탈 치즈를 갈아서 뿌린다.

8. 구운 토마토와 아스파라거스 피클을 곁들여준다.

9. 완성된 양배추 스테이크에 드레싱을 뿌려 먹는다.

(2)

(5)

(6)

(7)

단호박 샐러드

Kabocha Salad

찜기에 쪄내어 더욱 달콤하고 부드러워진 단호박에 진하고 고소한 크림치즈를 더해
디저트 느낌의 샐러드로 만들었어요. 이 샐러드는 따뜻하게 먹어도 좋지만
냉장고에 넣어 차가운 상태로 먹어도 맛있어요. 좋아하는 빵에 크림치즈와 단호박을 올리고,
크랜베리와 견과류를 뿌리면 맛있는 오픈 샌드위치로도 응용이 가능하답니다.

기본 재료

단호박 1통
어린잎 채소 2줌
크림치즈 50g
설탕 5g
레몬즙 3g
말린 크랜베리 약간
아몬드 슬라이스 1줌

머스터드 오일 드레싱

엑스트라 버진 올리브오일 3T
디종 머스터드 1T
레몬즙 1T
꿀 1T
화이트와인 식초 1T
소금 1꼬집
후추 1꼬집

1. 볼에 머스터드 오일 드레싱의 모든 재료를 담고 잘 섞어준다.

2. 깨끗하게 세척한 단호박을 반으로 자르고, 씨를 제거한다.

3. 단호박을 2cm 두께로 자른 후 찜기에 넣고 10분간 쪄서 완전히 익힌다.

4. 어린잎 채소는 세척한 후 물기를 제거한다.

5. 크림치즈는 설탕과 레몬즙을 넣고 잘 섞어서 부드럽게 풀어준다.

6. 접시에 크림치즈를 넓게 펼쳐준다. 옆에 어린잎 채소를 담고 단호박을 올린다.

7. 아몬드 슬라이스와 말린 크랜베리를 뿌려준 후 드레싱을 곁들여 낸다.

(2)

(3)

(6-1)

(6-2)

(7)

버섯 수란 샐러드

Mushroom Poached Eggs Salad

버섯에 로즈마리를 넣고 볶아 향긋한 풍미를 더하고, 마무리로 부드러운 수란을 올린 샐러드입니다.
노른자를 터트려 소스처럼 함께 먹으면 담백하면서도 고소한 맛이 되지요.
식감과 맛, 영양 성분까지 고루 갖춘 샐러드라 브런치 메뉴로 추천합니다.

기본 재료

샐러드 채소(멀티리프, 라디치오) 2줌
양송이버섯 5개
새송이버섯 2개
표고버섯 5개
엑스트라 버진 올리브오일 2T
로즈마리 2줄기
소금 2꼬집
후추 2꼬집
물 600g
식초 1T
달걀 1개

어니언 발사믹 드레싱

발사믹 식초 2T
엑스트라 버진 올리브오일 1T
다진 마늘 1t
다진 양파 2t
소금 1꼬집
후추 2꼬집

1. 볼에 어니언 발사믹 드레싱의 모든 재료를 담고 잘 섞어준다.
2. 샐러드 채소는 깨끗하게 씻어 물기를 제거한다.
3. 버섯은 먹기 좋은 사이즈로 자르고 볼에 담아준다.
4. 손질한 버섯에 올리브오일, 로즈마리, 소금, 후추를 넣어 버무려준다.
5. 냄비에 분량의 물과 식초를 넣는다. 물이 끓기 시작할 때 중불로 줄인 후 숟가락으로 물을 한쪽 방향으로 저어준다.
6. 물에 회오리가 생기면 달걀을 흘려 넣고 4분간 익혀 수란을 만든다.
7. 달군 프라이팬에 버섯을 넣고 노릇하게 굽는다.
8. 접시에 샐러드 채소를 담고, 그 위에 구운 버섯을 올린다.
9. 수란을 올리고 드레싱을 곁들인다.

문어 감자 샐러드

Octopus and Potato Salad

스페인 갈리시아 지방의 전통 음식인 '뽈뽀 아 라 갈레가'는 부드럽게 삶은 문어를 큼직하게 썰어서 감자와 함께 먹는 요리예요. 올리브오일과 훈제 파프리카 가루를 뿌려 먹는 게 일반적이지만 이번에는 갈릭 크림치즈 드레싱으로 색다른 느낌의 뽈뽀를 만들었어요. 기호에 따라 샐러드 채소를 곁들어 먹어도 좋습니다.

기본 재료

알감자 8개
소금 2t
엑스트라 버진 올리브오일 2T
로즈마리 1줄기
후추 2꼬집
소금 2꼬집
자숙 문어 150g
장식용 이탈리안 파슬리 약간

갈릭 크림치즈 드레싱

부드러운 버터 2t
크림치즈 2t
다진 마늘 2t
마요네즈 1T
머스터드 2t
꿀 2t
레몬즙 2t
후추 2꼬집

1. 볼에 갈릭 크림치즈 드레싱의 모든 재료를 담고 잘 섞어준다.

2. 알감자는 깨끗하게 씻는다. 냄비에 감자가 잠길 정도의 물을 붓고 소금 2t을 넣어 6분간 익힌다.

3. 감자가 식으면 반으로 잘라 준 후 올리브오일, 로즈마리, 후추, 소금을 넣어 버무려준다.

4. 감자를 에어 프라이어에 넣고 180도에 15분 굽는다.

5. 자숙 문어는 먹기 좋은 크기로 잘라준다.

6. 알감자가 뜨거울 때 볼에 담고 문어, 갈릭 크림치즈 드레싱을 넣고 골고루 버무린다.

7. 장식용 허브를 올리고 따뜻할 때 접시에 담아 낸다.

(2) (3)

(4) (5)

(6)

Healthy Meal Salad

CHAPTER 4

든든한 한 끼 샐러드

생연어 포케

Salmon Poke

포케는 하와이 말로 '썰다'라는 뜻으로 생선회와 각종 채소를 깍둑썰기하여 볼에 담고 버무려 먹는 덮밥 스타일의 샐러드예요. 신선한 연어와 부드러운 아보카도, 채소들이 어우러져 건강한 한 그릇 식사를 할 수 있어요.

기본 재료

생연어 100g
굵은소금 3T
찬물 200ml
식초 80ml
달걀 1개
소금 1t
방울토마토 5개
양파(슬라이스) 1/6개
샐러드 채소(프릴아이스) 2줌
적양배추(슬라이스) 약간
삶은 병아리콩 3T
아보카도 1/2개
레몬즙 2t
현미밥 1스쿱
코울슬로 적당량

간장 레몬 드레싱

간장 3T
엑스트라 버진 올리브오일 1.5T
설탕 2t
레몬즙 1.5T
레몬 제스트 1t
후추 2꼬집

1. 볼에 간장 레몬 드레싱의 모든 재료를 담고 잘 섞어준다.

2. 생연어에 굵은소금 3T을 골고루 뿌려준 후 30분간 둔다.

3. 소금을 뿌려두었던 연어를 흐르는 찬물에 씻어준 후 찬물 200ml와 식초 80ml를 섞어 30분간 담가준다. 연어를 건져 얼음물로 깨끗하게 세척하고 물기를 제거한다.

4. 손질된 연어를 먹기 좋은 크기로 잘라준다.

5. 냄비에 달걀을 넣고 달걀이 잠길 정도의 물과 소금 1t을 넣고 끓기 시작하면 약 10분간 삶는다. 달걀을 바로 찬물에 담가 식히고 껍질을 제거한다.

6. 방울토마토는 반으로 자른다. 양파는 얇게 슬라이스하고 찬물에 10분간 담가 매운맛을 뺀 후 물기를 제거한다.

7. 샐러드 채소는 깨끗하게 씻어 물기를 제거하고 적양배추, 병아리콩, 코울슬로도 준비해둔다.

8. 아보카도는 반으로 잘라 씨와 껍질을 제거하고 슬라이스한 다음 변색되지 않도록 레몬즙을 뿌려둔다.

9. 접시에 샐러드 채소를 골고루 올리고, 현미밥을 담는다.

10. 채소와 달걀, 코울슬로를 골고루 올려준다.

11. 생연어를 담고, 드레싱을 곁들여 낸다.

(2) 　　　　　　　　　　　　　　　(3)

(4)　　　　　　　　　　　　　　　(6)

(7)　　　　　　　　　　　　　　　(8)

(9) 　　　　　　　　　　　　　　　(11)

새우 포케

Shrimp Poke

해산물은 좋아하지만 생선회는 부담스러워하는 분들에게 인기 많은 샐러드예요.
갓 구운 따뜻한 새우와 아삭거리는 채소들의 조화가 매력적입니다.
아보카도와 새우, 당근 라페, 채소, 현미밥까지 더해 든든한 도시락 메뉴로도 추천합니다.

기본 재료

새우 8마리
엑스트라 버진 올리브오일 2T
후추 2꼬집
오이 1/3개
아보카도 1/2개
샐러드 채소(카이피라) 2줌
현미밥 1스쿱
아스파라거스 피클 2개
옥수수콘 3T
적양파(슬라이스) 1/6개
당근 라페 적당량(27쪽 참고)
방울토마토 마리네이드 약간(30쪽 참고)

칠리 마요 드레싱

마요네즈 1T
간장 1T
올리고당 2t
핫소스 1.5T
참기름 2t
레몬즙 2t
후추 2꼬집

1. 볼에 칠리 마요 드레싱의 모든 재료를 담고 잘 섞어준다.

2. 세척한 새우는 물기를 제거한 다음 올리브오일과 후추를 뿌려둔다.

3. 달군 프라이팬에 새우를 넣고 앞뒤로 노릇하게 익혀준다.

4. 오이와 아보카도는 사방 1.5cm로 깍둑썰기한다.
   적양파는 슬라이스한다.

5. 샐러드 채소는 씻어서 물기를 제거한다.

6. 볼에 샐러드 채소를 담고 현미밥 1스쿱을 올린다. 준비한 재료를 골고루 담아준다.

7. 드레싱을 곁들여 낸다.

(2)

(3)

(4)

(6)

두부 문어 포케

Tofu and Octopus Poke

탱글탱글한 문어와 부드러운 두부, 다양한 채소를 한 그릇에 담아낸 고단백 포케예요.
여기에 상큼한 간장 유자 드레싱을 더하면 더욱 잘 어울린답니다.
기호에 따라 삶은 곡물을 추가해 든든한 샐러드 볼로 즐길 수 있어요.

기본 재료

단단한 두부 1/4모
자숙 문어 170g
양파(슬라이스) 1/6개
삶은 병아리콩 3T
브로콜리 1/4개
콜리플라워 1/4개
샐러드 채소(이자벨, 치커리) 2줌
래디시 약간
당근 라페 적당량(27쪽 참고)

간장 유자 드레싱

유자청 2T
엑스트라 버진 올리브오일 2T
간장 1T
식초 1T
레몬즙 1T
다진 양파 2T
다진 마늘 1t
후추 2꼬집

1. 볼에 간장 유자 드레싱의 모든 재료를 담고 잘 섞어준다.

2. 두부는 1.5cm 큐브로 잘라준 후 키친타월로 물기를 제거한다.

3. 프라이팬에 기름을 두르고 두부를 노릇하게 익혀준다.

4. 자숙 문어는 끓는 물에 살짝 넣어 데친 후 얼음물로 헹궈 낸다. 손질한 문어를 먹기 좋은 크기로 잘라준다.

5. 양파는 얇게 슬라이스하고 찬물에 10분간 담가 매운맛을 뺀 후 물기를 제거한다.

6. 브로콜리는 먹기 좋은 사이즈로 잘라 끓는 물에 소금을 넣고 데친 후 바로 찬물에 담가 열기를 없앤다. 데친 브로콜리의 물기를 제거한다.

7. 다른 냄비에 콜리플라워도 같은 방법으로 소금을 넣은 끓는 물에 데친 후 찬물에 담가 식힌다. 콜리플라워도 물기를 제거하여 준비한다.

8. 샐러드 채소는 깨끗하게 씻어 물기를 제거하고 래디시는 얇게 슬라이스한다.

9. 접시에 샐러드 채소를 깔고, 준비한 재료와 삶은 병아리콩, 당근 라페를 골고루 담아준다. 드레싱을 곁들여 낸다.

(2)

(3)

(4)

(5~8)

119

참치 포케

Tuna Poke

하와이에서 처음 만들어진 포케는 참치가 베이스여서, 참치 포케는 포케의 원조라고 할 수 있어요.
부드럽고 고소한 참치의 맛이 와사비 간장 드레싱과 잘 어울린답니다.
기호에 따라 김 가루를 뿌려 먹거나 김에 싸서 먹어도 맛있어요.

기본 재료

참치회 100g
레몬즙 1T
양파 1/6개
샐러드 채소(양상추) 2줌
무순 1줌
적양배추 약간
래디시 2개
아보카도 1/2개
레몬즙 2t
현미밥 1스쿱
장식용 허브 약간

와사비 간장 드레싱

간장 2T
엑스트라 버진 올리브오일 2T
레몬즙 1T
와사비 2t
올리고당 1T
다진 마늘 1t
후추 2꼬집

1. 볼에 와사비 간장 드레싱의 모든 재료를 담고 잘 섞어준다.

2. 참치회를 먹기 좋은 크기로 썰어준 다음 레몬즙을 뿌린다.

3. 양파는 얇게 슬라이스하고 찬물에 10분 정도 담가 매운맛을 뺀 후 물기를 제거한다.

4. 샐러드 채소와 무순을 깨끗하게 씻어 물기를 제거한다.

5. 세척한 적양배추와 래디시를 얇게 슬라이스한다.

6. 아보카도는 슬라이스한 후 변색되지 않도록 레몬즙을 뿌려둔다.

7. 접시에 샐러드 채소를 깔고, 준비한 재료를 골고루 담아준다. 드레싱을 곁들여 낸다.

(2)

(7)

큐브 스테이크 샐러드볼

Cubed Steak Salad Bowl

한입 크기로 잘라 구운 부드러운 스테이크와 아보카도, 다양한 채소가 잘 어우러진 샐러드볼이에요. 고기와 잘 어울리는 오리엔탈 드레싱과 함께 먹으면 든든하게 단백질을 충전할 수 있어요.

기본 재료

소고기 등심 100g
엑스트라 버진 올리브오일 2T
소금 2꼬집
후추 2꼬집
적양파 1/6개
아보카도 1/2개
레몬즙 2t
샐러드 채소(치커리, 프릴아이스) 2줌
양송이버섯 4개
현미밥 1스쿱
삶은 병아리콩 3T
방울토마토 마리네이드 7개(30쪽 참고)

오리엔탈 드레싱

간장 2T
다진 마늘 1t
다진 양파 1T
엑스트라 버진 올리브오일 3T
발사믹 식초 1T
알룰로스 1T
레몬즙 1T
후추 2꼬집

1. 볼에 오리엔탈 드레싱의 모든 재료를 담고 잘 섞어준다.
2. 키친타월로 소고기의 핏물을 제거한 후 사방 3cm 큐브 모양으로 잘라준다. 소고기에 올리브오일과 소금, 후추를 넣고 버무려 20분간 재워준다.
3. 적양파는 얇게 슬라이스하고 찬물에 10분간 담가 매운맛을 뺀 후 물기를 제거한다.
4. 아보카도는 슬라이스한 후 변색되지 않도록 레몬즙을 뿌려둔다.
5. 샐러드 채소는 깨끗하게 씻어 물기를 제거한다.
6. 양송이버섯을 4등분한 후 올리브오일을 두른 프라이팬에 살짝 익혀준다.
7. 달군 팬에 소고기를 넣고 센불에서 앞뒤로 골고루 익혀준다.
8. 접시에 샐러드 채소를 깔고, 큐브 스테이크와 준비한 재료를 골고루 담아준다. 드레싱을 곁들여 낸다.

(2)

(6)

(7)

(8-1)

(8-2)

구운 연어 샐러드

Grilled Salmon Salad

겉은 바삭하고 속은 촉촉하게 구운 연어는 기름기가 적고 담백한 풍미가 있어요.
여기에 미소 된장과 고소한 참깨를 넣은 드레싱을 곁들이면 짭조름하면서도
고소한 풍미가 연어와 무척 잘 어울립니다.

기본 재료

연어 150g
엑스트라 버진 올리브오일 1T
소금 2꼬집
후추 2꼬집
딜 1줄기
아보카도 1/2개
레몬즙 2t
파프리카 1/4개
브로콜리니 1/6개
방울토마토 5개
루콜라 1줌
당근 라페(27쪽 참고) 적당량

미소 참깨 드레싱

미소 된장 1T
마요네즈 2T
알룰로스 1T
레몬즙 2t
구운 참깨 1T
참기름 1t
후추 1꼬집

1. 볼에 미소 참깨 드레싱의 모든 재료를 담고 잘 섞어준다.

2. 키친타월로 연어의 물기를 제거한 후 올리브오일 1T, 소금, 후추, 딜을 올려 15분간 재운다.

3. 아보카도는 슬라이스한 다음 변색되지 않도록 레몬즙을 뿌려두고, 파프리카도 모양을 살려 얇게 슬라이스한다.

4. 브로콜리는 끓는 물에 데쳐서 익힌 다음 적당한 크기로 잘라둔다.

5. 달군 팬에 올리브오일을 살짝 두르고 연어 껍질이 아래로 가도록 놓는다. 연어가 노릇하게 익으면 뒤집어서 반대쪽도 익힌다.

6. 연어를 구운 팬에 방울토마토도 올리고 굽는다. 마지막에 후추 1꼬집, 소금 1꼬집을 뿌려준다.

7. 샐러드 접시에 아보카도 슬라이스를 올리고, 방울토마토, 파프리카, 루콜라를 적당량 담는다.

8. 아보카도 위에 연어구이를 올린다. 마지막으로 브로콜리니를 올리고 드레싱을 곁들인다.

(2)

(3)

(6)

(8-1)

(8-2)

쿠스쿠스 샐러드

Couscous Salad

쿠스쿠스는 세몰리나 밀로 만든 중동식 곡물로, 탄수화물과 섬유질이 포만감을 오래 유지해주고 장운동에도 도움을 줍니다. 작게 자른 여러 가지 채소에 쿠스쿠스를 넣으면 든든한 한 끼 식사로도 좋고, 스푼으로 간편하게 떠먹을 수 있어 피크닉 도시락으로도 제격입니다.

기본 재료

쿠스쿠스 50g
엑스트라 버진 올리브오일 2t
뜨거운 물 1/2컵
오이 1/2개
적양파 1/4개
방울토마토 5개
블랙 올리브 4개
이탈리안 파슬리 2줄기
삶은 병아리콩 1/2컵
와일드 루콜라 2줌

레몬 허니 드레싱

레몬즙 4.5T
레몬 제스트 1.5T
엑스트라 버진 올리브오일 1.5T
꿀 1T
소금 3꼬집
후추 2꼬집

1. 볼에 레몬 허니 드레싱의 모든 재료를 담고 잘 섞어준다.

2. 볼에 쿠스쿠스를 담고, 올리브오일, 뜨거운 물을 넣고 5분 정도 불린다. 불린 쿠스쿠스를 체에 내려 물기를 뺀다.

3. 오이와 양파를 1cm 큐브로 잘라준다.

4. 방울토마토는 4등분하고, 블랙 올리브는 슬라이스한다.

5. 와일드 루콜라를 제외한 모든 재료를 볼에 담는다.

6. 레몬 허니 드레싱을 넣고 골고루 버무려준다.

7. 접시에 골고루 버무려진 쿠스쿠스 샐러드를 담고 와일드 루콜라를 올려준다.

(2-1)　　　　　　　　　　　　　(2-2)

(2-3)　　　　　　　　　　　　　(2-4)

(3)　　　　　　　　　　　　　(4)

(6)　　　　　　　　　　　　　(7)

니스 샐러드

Niçoise Salad

프랑스 니스 지방에서 유래한 샐러드로 참치, 올리브, 달걀, 토마토에
얇게 슬라이스한 삶은 감자를 푸짐하게 넣은 요리예요.
꼭 레시피 속 채소가 아니라도 좋아하는 재료가 있다면 자유롭게 더해보세요.

기본 재료

- 달걀 2개
- 소금 1t
- 참치 캔 1개
- 감자 1개
- 방울토마토 5개
- 적양파 1/4개
- 그린빈 6개
- 블랙 올리브 5개
- 적양배추 적당량
- 샐러드 채소(버터헤드 레터스, 양상추) 2줌

머스터드 갈릭 드레싱

- 디종 머스터드 1t
- 엑스트라 버진 올리브오일 3T
- 화이트와인 식초 1T
- 다진 마늘 1t
- 레몬즙 1t
- 소금 1꼬집
- 후추 1꼬집

1. 볼에 머스터드 갈릭 드레싱의 모든 재료를 담고 잘 섞어준다.

2. 냄비에 달걀을 넣고 달걀이 잠길 정도의 물과 소금 1t을 넣고 끓기 시작하면 약 8분간 삶는다. 달걀을 바로 찬물에 담가 식히고 껍질을 제거한다.

3. 참치 캔의 오일은 체에 내려준다.

4. 감자는 껍질을 제거하고 감자가 잠길 정도의 물과 소금 1/2t을 넣어 약 15분간 익힌다.

5. 익힌 감자를 먹기 좋은 사이즈로 잘라준다.

6. 방울토마토는 반으로 자른다. 적양파는 슬라이스하고 찬물에 10분간 담가 매운맛을 뺀 후 물기를 제거한다.

7. 그린빈은 끓는 물에 3분 정도 데치고, 블랙 올리브와 적양배추도 슬라이스한다.

8. 샐러드 채소는 깨끗하게 씻어 물기를 제거한다.

9. 접시에 샐러드 채소를 깔고, 참치와 준비한 재료를 골고루 담아준다. 드레싱을 곁들여 낸다.

(3)

(5~6)

(9)

바질 치킨
숏파스타

Basil Chicken with Short Pasta

쫄깃하게 익힌 파스타에 바질의 풍미를 더하고, 담백한 치킨을 올린 식사용 샐러드입니다.
치킨과 신선한 채소의 맛이 잘 어우러져 상큼함과 고소함을 동시에 느낄 수 있어요.

기본 재료

- 닭 안심 1개
- 통후추 5알
- 월계수 잎 2장
- 숏파스타 50g
- 적양파 조금
- 샐러드 채소(비타민) 2줌
- 방울토마토 마리네이드 6개(30쪽 참고)
- 그라나 파다노 치즈 3T
- 장식용 생바질 약간

바질 어니언 발사믹 드레싱

- 엑스트라 버진 올리브오일 5T
- 발사믹 식초 3T
- 다진 양파 2T
- 다진 마늘 1t
- 다진 바질 5g
- 올리고당 1t
- 레몬즙 1T
- 소금 2꼬집
- 후추 2꼬집

1. 볼에 바질 어니언 발사믹 드레싱의 모든 재료를 담고 잘 섞어준다.

2. 냄비에 닭 안심이 잠길 정도로 물을 붓고 통후추와 월계수 잎을 넣는다. 약 8분간 끓이다가 불을 끄고, 10분간 그대로 두어 남은 열기로 닭고기를 익힌다.

3. 끓는 물에 숏파스타를 넣어 약 8분간 익힌 후 체에 내려 물기를 뺀다.

4. 익힌 닭 안심을 슬라이스한다.

5. 적양파는 얇게 슬라이스하고 찬물에 10분간 담가 매운맛을 뺀 후 물기를 제거한다.

6. 볼에 파스타와 닭 안심을 담고 바질 어니언 발사믹 드레싱을 넣고 버무려준다.

7. 샐러드 채소는 깨끗하게 씻어 물기를 제거한다.

8. 접시에 적양파를 깔고 샐러드 채소와 방울토마토 마리네이드를 골고루 올린다.

9. 그 위에 바질 치킨 파스타를 담고, 그라나 파다노 치즈를 갈아서 뿌려준다.

(4~5)

(6-1)

(6-2)

(8)

(9-1)

(9-2)

Fresh Fruit Salad

CHAPTER 5

과일 듬뿍 샐러드

리코타 치즈 샐러드

Ricotta Cheese Salad

일반 치즈보다 부드러운 리코타 치즈는 고소하면서도 느끼하지 않아
샐러드와 특히 잘 어울리는 재료예요. 이 샐러드는 다양한 채소와 제철 과일이 어우러져
상큼하고 건강한 맛을 느낄 수 있어요.
견과류나 꿀과도 잘 어울려 원하는 재료를 추가해서 드셔보세요.

기본 재료

샐러드 채소(멀티리프, 엔다이브) 2줌
하몽 3줄
청포도 10알
딸기 5개
리코타 치즈 60g
블루베리 약간
말린 크랜베리 약간
장식용 처빌 약간

화이트 비네그레트 드레싱

화이트와인 식초 2T
엑스트라 버진 올리브오일 3T
레몬즙 1T
알룰로스 1T
소금 1꼬집
후추 1꼬집

1. 볼에 화이트 비네그레트 드레싱의 모든 재료를 담고 잘 섞어준다.

2. 샐러드 채소는 씻어서 물기를 제거한다.

3. 하몽은 먹기 좋은 크기로 찢어 준다.

4. 깨끗이 씻은 포도, 딸기를 먹기 좋은 크기로 잘라준다.

5. 샐러드 접시에 샐러드 채소를 담고, 딸기와 청포도를 골고루 올린다. 그 위에 말린 크랜베리를 뿌린다.

6. 리코타 치즈를 스푼으로 떠서 군데군데 올려준다.

7. 치즈 사이사이에 하몽을 넣는다.

8. 블루베리를 담아준 후 드레싱을 곁들인다.

(3~4) (6)

(7) (8)

수박 페타 치즈 샐러드

Watermelon Feta Salad

여름철에 특히 인기 있는 샐러드로 짭짤한 페타 치즈와
달콤하고 수분이 많은 수박의 조화가 매력적인 메뉴예요.
빨간 수박과 하얀 페타 치즈, 민트의 초록색이 어우러져 시각적으로도 근사한 샐러드랍니다.

기본 재료

수박 200g
페타 치즈 150g
장식용 애플민트 약간

민트 오일 드레싱

엑스트라 버진 올리브오일 3T
화이트와인 식초 1T
라임 제스트 1t
라임즙 2t
다진 애플민트 1t
소금 2꼬집

1. 라임을 깨끗하게 세척한 후 치즈 그레이터를 이용해 껍질 부분을 벗겨 라임 제스트를 만든다.
2. 볼에 민트 오일 드레싱의 모든 재료를 담고 잘 섞어준다.
3. 수박과 페타 치즈를 2cm 큐브 모양으로 잘라준다.
4. 접시에 수박과 치즈를 번갈아 가며 담는다.
5. 샐러드 위에 드레싱을 뿌리고 장식용 애플민트를 올린다.

(3-1)

(3-2)

(5)

아사이베리 볼
Acai Bowl

아사이베리 볼은 건강하면서도 맛있는 슈퍼 푸드 샐러드로, 베리를 주재료로 하여
신선한 과일, 견과류, 그래놀라 등의 토핑을 추가해 만들어요.
비타민, 미네랄, 식이섬유 등 영양이 균형 있게 들어 있어 모두에게 추천하는 샐러드랍니다.

기본 재료

딸기 3개
블루베리 1줌
청포도 3알
키위 적당량
냉동 아사이베리(또는 냉동 블루베리) 100g
냉동 바나나 1/2개
냉동 라즈베리 50g
무가당 플레인 요거트 150g
우유 50g
아사이베리 파우더 1T
꿀 1T
그래놀라 3T
장식용 허브 약간

땅콩 레몬 드레싱

땅콩버터 3T
레몬즙 3t
꿀 1T

1. 볼에 땅콩 레몬 드레싱의 모든 재료를 담고 잘 섞어준다.

2. 바나나는 껍질을 제거하고 냉동실에 넣어둔다.

3. 토핑용 딸기와 블루베리, 청포도를 깨끗하게 씻어 물기를 제거한다. 딸기와 키위는 먹기 좋은 크기로 잘라준다.

4. 블랜더에 냉동 아사이베리(블루베리), 냉동 바나나, 냉동 라즈베리, 플레인 요거트, 우유, 아사이 파우더, 꿀을 넣고 곱게 갈아준다.

5. 볼에 아사이베리 스무디를 붓고, 토핑용 과일과 그래놀라를 골고루 올려준다.

6. 허브로 장식하고, 드레싱을 곁들여 낸다.

(3)

(4)

(5-1)

(5-2)

딸기 부라타 치즈 샐러드

Strawberry Burrata Salad

쫄깃한 모차렐라 치즈에 부드러운 크림이 들어 있는 매력 만점 부라타 치즈와 상큼한 딸기는 무척 잘 어울리는 조합이에요. 봄에는 딸기, 여름에는 복숭아, 가을엔 무화과 등 제철 과일로 응용해 만들어보세요.

기본 재료

딸기 10개
부라타 치즈 1개(120g)
와일드 루콜라 1줌
장식용 바질 약간

처빌 화이트 비네그레트 드레싱

화이트와인 식초 1T
엑스트라 버진 올리브오일 3T
처빌 1줄기
알룰로스 1t
다진 마늘 1/2t
레몬즙 1T
소금 2꼬집
후추 2꼬집

1. 볼에 처빌 화이트 비네그레트 드레싱의 모든 재료를 담고 잘 섞어준다.
2. 딸기는 세척하여 물기를 닦고 반으로 잘라준다.
3. 루콜라와 바질도 깨끗하게 씻어 물기를 제거한다.
4. 접시에 루콜라와 딸기를 담고, 그 위에 부라타 치즈를 올려준다.
5. 장식용 바질을 올리고 드레싱을 곁들여 낸다.

(4-1)

(4-2)

(5)

바나나 샐러드

Banana Salad

바나나의 부드러운 식감과 다양한 견과류가 어우러져
신선하고 달콤한 맛을 즐길 수 있어요. 바나나는 칼륨, 비타민 등의 영양소가 풍부하여
견과류와 함께 섭취하면 더욱 건강에 좋답니다.

기본 재료

바나나 1개
버터 1T
샐러드 채소(카이피라, 치커리) 2줌
아몬드 슬라이스 1T
말린 크랜베리 1T

메이플 요거트 드레싱

무가당 플레인 요거트 100g
메이플 시럽 2t
홀그레인 머스터드 2t
레드와인 식초 2t
레몬즙 1t
레몬 제스트 1/2t
소금 1꼬집

1. 볼에 메이플 요거트 드레싱의 모든 재료를 담고 잘 섞어준다.
2. 바나나는 세로로 길게 반으로 자른다.
3. 프라이팬에 버터를 넣고, 바나나를 약불에서 앞뒤로 노릇하게 구워준다.
4. 샐러드 채소는 깨끗하게 씻어 물기를 제거한다.
5. 접시에 채소와 바나나를 담고 아몬드 슬라이스와 건조 크랜베리를 뿌려준다.
6. 드레싱을 곁들여 낸다.

(2)   (3-1)

(3-2)   (5)

땅콩버터 사과 샐러드

Peanut Butter and Apple Salad

신선하고 아삭한 사과의 식감과 크리미하고 고소한 땅콩버터가 만나 색다른 한 접시가 됩니다.
가볍게 먹는 점심이나 간단한 간식, 다이어트 식단으로도 추천해요.

기본 재료

사과 1/2개
레몬즙 2t
오이 1/2개
와일드 루콜라 1줌
엑스트라 버진 올리브오일 2T
다진 호두 1T
말린 크랜베리 1T

땅콩버터 드레싱

무가당 땅콩버터 4T
화이트와인 식초 2T
메이플 시럽 2t
엑스트라 버진 올리브오일 1.5T
레몬즙 2t

1. 볼에 땅콩버터 드레싱의 모든 재료를 담고 잘 섞어준다.

2. 사과를 깨끗하게 씻어 얇게 슬라이스한다. 변색을 막기 위해 레몬즙을 뿌려둔다.

3. 오이도 사과와 같은 두께로 슬라이스한다.

4. 와일드 루콜라도 세척하여 물기를 제거하고 사과와 같은 길이로 자른다.

5. 호두는 전처리를 한 후 잘게 다진다. (24쪽 참고)

6. 접시에 땅콩버터 드레싱을 넓게 펴 바른다.

7. 루콜라, 사과, 오이 순서로 접시에 올린 후 올리브오일을 뿌린다.

8. 다진 호두와 말린 크랜베리를 뿌려 마무리한다.

Seafood and Meat Salad

CHAPTER 6

해산물 & 고기 샐러드

새우 레몬 샐러드

Shrimp Lemon Salad

탱글탱글 부드럽게 삶아진 새우와 아삭한 브로콜리의 맛이 잘 어우러진 샐러드예요.
레몬즙과 제스트를 활용한 드레싱이 입안 가득 상큼함을 전해줍니다.

기본 재료

새우 100g
청주 1T
소금 1/3t
샐러드 채소(루콜라, 라디치오) 2줌
브로콜리니 1/4개
콜리플라워 1/4개
코울슬로 적당량(31쪽 참고)
레몬 제스트 1t
레몬 1조각
장식용 딜 약간

레몬 마요 드레싱

마요네즈 3T
레몬즙 2T
레몬 제스트 1t
알룰로스 2t
다진 파슬리 1t
소금 1꼬집
후추 2꼬집

1. 볼에 레몬 마요 드레싱의 모든 재료를 담고 잘 섞어준다.

2. 새우는 머리와 껍질을 제거하고 꼬리의 껍질만 남겨둔다.

3. 물 500ml에 청주와 소금, 새우를 넣고 끓기 시작하면 2분 더 끓인 후 바로 찬물에 담가준다.

4. 샐러드 채소는 깨끗하게 씻어 물기를 제거해둔다.

5. 브로콜리니는 먹기 좋은 크기로 잘라 소금을 넣은 끓는 물에 데친 후 물기를 제거한다. 콜리플라워도 같은 방법으로 손질해둔다.

6. 찬물에 담가두었던 새우의 물기를 완전히 제거한 후 레몬 마요 드레싱에 버무린다.

7. 접시에 샐러드 채소와 브로콜리니, 콜리플라워를 담고, 코울슬로를 가운데에 올린다.

8. 코울슬로 위에 새우를 올린 후 레몬 제스트를 뿌린다.

9. 레몬 1조각을 곁들이고 장식용 딜을 살짝 올려준다.

관자 아보카도 샐러드

Scallop Avocado Salad

겉은 바삭하고 속은 촉촉한 구운 관자에 산뜻한 풍미의 아보카도 무스를 더한 샐러드예요.
간단하면서도 섬세한 조리법으로 고급스러움을 더했답니다.
고급 레스토랑의 요리를 먹는 듯해 특별한 날의 메뉴로도 추천합니다.

기본 재료

샐러드 채소(와일드 루콜라) 1줌
삶은 퀴노아 2T
아보카도 1/2개
레몬즙 2t
가리비 관자 6개
엑스트라 버진 올리브오일 1T
소금 2꼬집
후추 2꼬집
장식용 식용꽃 약간

아보카도 무스

아보카도 1개
꿀 1T
레몬즙 2T
엑스트라 버진 올리브오일 2t
소금 1꼬집
후추 1꼬집

토마토 오일 드레싱

엑스트라 버진 올리브오일 2T
화이트와인 식초 2T
다진 토마토 2T
꿀 1t
레몬즙 1t
홀그레인 머스터드 1t
소금 1꼬집
후추 1꼬집
다진 이탈리안 파슬리 1t

1. 볼에 토마토 오일 드레싱의 모든 재료를 담고 잘 섞어준다.
2. 블렌더에 아보카도 무스의 모든 재료를 넣고 갈아 고운 형태의 무스를 만든다.
3. 샐러드 채소는 씻어서 물기를 제거한다.
4. 퀴노아는 삶아서 준비한다. (25쪽 참고)
5. 아보카도는 슬라이스한 후 변색되지 않도록 레몬즙을 뿌려둔다.
6. 관자는 키친타월로 수분을 제거하고 올리브오일과 소금, 후추를 뿌려 밑간을 한다.
7. 프라이팬에 올리브오일을 두르고 관자를 강불에서 앞뒤로 노릇하고 바삭하게 구워낸다.
8. 접시에 아보카도 무스를 열십자 모양으로 펼친다.
9. 그 위에 와일드 루콜라, 아보카도, 구운 관자 순서로 올려준다.
10. 삶은 퀴노아를 골고루 뿌려주고, 장식용 식용꽃을 올린다. 드레싱을 곁들여 낸다.

(2)  (6)

(7)  (8)

(9-1) (9-2)

(10-1) (10-2)

차가운 돼지고기
수육 샐러드

Cold Boiled Pork Salad

부드럽게 삶은 돼지고기를 냉장고에서 숙성해 차갑게 먹는 수육으로 누구나 쉽게 만들 수 있어요.
담백한 돼지고기에 토마토 살사의 상큼함이 어우러져 색다른 매력을 주지요.
가족 모임이나 특별한 날의 메뉴로도 제격입니다.

기본 재료

수육용 돼지고기 300g
물 600ml
소금 2t
월계수 잎 3개
통후추 10알
샐러드 채소 2줌

토마토 살사

토마토 1개
다진 양파 2T
파프리카 1/4개
화이트 발사믹 식초 1T
레몬즙 2t
설탕 1t
엑스트라 버진 올리브오일 1T
소금 1꼬집
후추 1꼬집
고수 적당량

발사믹 오리엔탈 드레싱

엑스트라 버진 올리브오일 2T
발사믹 식초 2T
간장 1T
후추 2꼬집

1. 볼에 발사믹 오리엔탈 드레싱의 모든 재료를 담고 잘 섞어준다.

2. 다른 볼에 토마토 살사 재료도 모두 넣고 잘 섞는다.

3. 냄비에 분량의 물, 소금, 월계수 잎, 통후추를 넣고 끓인다.

4. 물이 끓기 시작하면 수육용 돼지고기를 넣고 뚜껑을 덮어 10분간 끓여준다.

5. 10분 후 불을 끄고 그대로 1시간 동안 둔다.

6. 돼지고기를 건져 키친타월로 수분을 닦아준 후 단단하게 랩을 씌워 냉장고에 넣는다. 냉장실에서 6시간 이상 숙성한다.

7. 샐러드 채소는 깨끗하게 씻어서 수분을 제거한다.

8. 숙성이 완료된 차가운 돼지고기를 최대한 얇게 썰어준다.

9. 접시에 채소와 돼지고기를 보기 좋게 담고 고기 위에 토마토 살사를 뿌려준다. 드레싱을 곁들여 함께 낸다.

훈제 오리 샐러드
Smoked Duck Salad

훈제 오리에 상큼한 토마토, 아삭한 엔다이브를 더해 짭짤하고 기름진 오리의 맛을 산뜻하게 만든 샐러드예요. 엔다이브는 잎 모양을 그대로 살려 담아내면 접시처럼 활용할 수 있으니 파티 음식으로도 추천합니다.

기본 재료

훈제 오리(슬라이스) 100g
엔다이브 1통
어린잎 채소 2줌
래디시 2개
토마토 1/2개
장식용 허브 약간

어니언 머스터드 드레싱

마요네즈 4T
머스터드 1T
다진 양파 3T
꿀 1T
홀그레인 머스터드 1t
레몬즙 2t
소금 1꼬집
후추 1꼬집

1. 볼에 어니언 머스터드 드레싱의 모든 재료를 담고 잘 섞어준다.
2. 달군 팬에 훈제 오리를 앞뒤로 노릇하게 구워준 후 키친타월에 올려 기름을 제거한다.
3. 엔다이브와 어린잎 채소는 깨끗하게 세척 후 물기를 제거한다.
4. 래디시는 얇게 슬라이스한다.
5. 구운 훈제 오리와 토마토를 사방 1cm 크기로 잘라준다.
6. 훈제 오리와 토마토를 볼에 넣고 잘 섞는다.
7. 접시 위에 엔다이브를 나란히 올린다. 그 위에 어린잎 채소를 올린다.
8. 채소 위에 훈제 오리와 토마토를 올려준다.
9. 래디시를 군데군데 올린 후 드레싱을 곁들여 낸다.

(2)

(6)

(7)

(8-1)

(8-2)

훈제 연어 달걀 샐러드

Smoked Salmon and Egg Salad

짭조름한 훈제 연어의 맛과 담백하고 부드러운 달걀 샐러드의 맛이 잘 어울리는 샐러드예요.
단백질과 오메가3 지방산, 비타민, 미네랄이 골고루 들어 있어 균형 잡힌 한 끼 식사로 좋습니다.

기본 재료

어린잎 채소 1줌
딜 2줄기
아보카도 1/2개
레몬즙 2t
훈제 연어 60g
아스파라거스 피클 4줄기(32쪽 참고)
케이퍼 약간

달걀 샐러드

달걀 2개
소금 1t
마요네즈 2T
사워크림 2T
소금 2꼬집
후추 2꼬집

허브 오일 드레싱

엑스트라 버진 올리브오일 2T
설탕 1t
화이트 발사믹 식초 1T
레몬즙 2T
다진 케이퍼 1/2t
다진 딜 1/2t
다진 양파 2t
소금 1꼬집
후추 2꼬집

1. 볼에 허브 오일 드레싱의 모든 재료를 담고 잘 섞어준다.

2. 달걀 샐러드를 만든다. 냄비에 달걀과 달걀이 잠길 정도의 물, 소금 1t을 넣고 끓인다.

3. 물이 끓기 시작하면 달걀을 약 12분간 삶은 후 찬물에 담가 식혀준다.

4. 볼에 달걀을 넣고 으깬다. 나머지 달걀 샐러드 재료를 모두 넣고 잘 섞어준다.

5. 어린잎 채소와 딜은 씻어서 물기를 제거한다. 아보카도는 슬라이스한 후 변색되지 않도록 레몬즙을 뿌려둔다.

6. 접시에 달걀 샐러드를 넓게 담는다.

7. 그 위에 아보카도와 어린잎 채소를 담아준다.

8. 훈제 연어를 접어서 올리고, 케이퍼와 아스파라거스 피클을 올려준다.

9. 마무리로 딜을 올린 후 드레싱을 곁들여 낸다.

(7)　　　　　　　　　　　　　　　(8-1)

(8-2)　　　　　　　　　　　　　　(9)

베트남 치킨 샐러드

Vietnamese Chicken Salad

담백한 닭 안심에 새콤달콤한 무 당근 절임, 향긋한 허브가 어우러진 베트남 스타일 샐러드입니다.
가볍지만 풍성한 맛을 지니고 있어, 저지방 고단백 다이어트 요리로 추천합니다.

기본 재료

닭가슴살 100g
월계수 잎 2개
통후추 5알
오이 1/2개
적양배추 약간
샐러드 채소(로메인) 2줌
양파 1/6개
구운 땅콩 20g
라임 1/4개
고수 약간

무 당근 절임

무 100g
당근 50g
식초 3T
설탕 3T
소금 2꼬집

고추 라임 피시소스

포도씨 오일 2T
라임즙 4T
다진 청양고추 1개
다진 빨간 고추 1/2개
다진 마늘 1t
피시소스 2t
설탕 2t
후추 1꼬집

1. 볼에 고추 라임 피시소스의 모든 재료를 담고 잘 섞어준다.

2. 냄비에 닭가슴살과 닭고기가 잠길 정도의 물을 붓고 통후추와 월계수 잎을 넣는다.

3. 약 8분간 끓이다가 불을 끄고, 10분간 그대로 두어 남은 열기로 닭고기를 익힌다.

4. 무 당근 절임을 만든다. 무와 당근은 가늘게 채 썰고, 식초, 설탕, 소금을 섞은 것을 넣어 30분간 절여준다. 절인 무와 당근은 물기를 꼭 짜준다.

5. 오이는 편으로 썰고 적양배추는 가늘게 채 썬다. 익힌 닭 가슴살은 찢어서 준비한다.

6. 샐러드 채소는 깨끗하게 씻어 물기를 제거한다.

7. 접시에 샐러드 채소를 깔고 오이와 양파를 올린다.

8. 무 당근 절임과 적양배추, 닭고기를 담는다.

9. 닭고기 위에 고추 라임 피시소스를 뿌린다.

10. 구운 땅콩을 뿌리고 취향에 따라 라임 조각과 고수를 함께 낸다.

(2)

(4-1)

(4-2)

(5)

(8-1)

(8-2)

(10)

분짜 샐러드

Bún Chả Salad

베트남 하노이의 대표 음식 중 하나인 분짜가 샐러드로 재탄생했어요.
구운 돼지고기와 쫄깃한 쌀국수, 다양한 채소를 새콤달콤한 소스와 곁들여 먹어보세요.
이국적인 듯하면서도 우리 입맛에 잘 맞는 샐러드예요.

기본 재료

샐러드 채소(양상추, 라디치오) 2줌
당근 1/4개
양파 1/6개
돼지 목살 150g
엑스트라 버진 올리브오일 2T
쌀국수 60g
고수 약간
라임 1/6개

고기 양념

피시소스 2t
다진 마늘 1t
간장 2t
설탕 2t
레몬즙 1t
맛술 2t

매콤 분짜 드레싱

피시소스 1T
간장 1t
라임즙 1t
식초 2t
레몬즙 2t
설탕 2T
다진 청양고추 1개
다진 빨간 고추 1/2개
찬물 100ml

1. 볼에 매콤 분짜 드레싱의 모든 재료를 담고 잘 섞어준다.

2. 샐러드 채소는 깨끗하게 씻어 물기를 제거한다.

3. 당근과 양파는 가늘게 채 썬다. 양파는 찬물에 10분간 담가 매운맛을 뺀 후 물기를 제거한다.

4. 돼지 목살과 고기 양념을 잘 버무린 후 냉장고에서 30분간 재운다.

5. 프라이팬에 올리브오일을 두르고 돼지고기를 올려 강불에서 겉면을 익힌 후 중불로 줄여 안쪽까지 익힌다.

6. 익힌 돼지고기는 10분간 레스팅한 후 먹기 좋게 잘라준다.

7. 쌀국수는 끓는 물에 살짝 삶은 다음 얼음물에 담가 식히고, 물기를 제거한다.

8. 접시에 샐러드 채소와 양파, 당근을 담는다.

9. 구운 돼지고기와 쌀국수를 올린다.

10. 매콤 분짜 드레싱을 곁들여 낸다. 취향에 따라 라임 조각과 고수를 함께 낸다.

(4)

(5)

(7)

(8)

(9)

Salad with Bread

CHAPTER 7

빵과 함께 먹는 샌드위치 샐러드

구운 브리 치즈 샐러드

Grilled Brie Cheese Salad

브리 치즈는 프랑스를 대표하는 치즈 중 하나로, 부드럽고 고소하면서 은은한 버섯 풍미를 갖고 있어 어떤 요리와도 잘 어울려요. 브리 치즈를 구우면 겉은 바삭하고 속은 부드럽게 녹아내려 고급스러운 프렌치 스타일 샐러드가 되지요. 빵과 함께 브런치 플레이트는 물론 파티 메뉴, 와인 안주로도 추천하는 메뉴입니다.

기본 재료

사과 1/2개
레몬즙 2t
샐러드 채소(비타민, 치커리) 2줌
방울토마토 5개
브리 치즈 1개(100g)
엑스트라 버진 올리브오일 2T
피칸 4알
말린 크랜베리 조금
호밀빵 슬라이스 3개

어니언 바질 드레싱

엑스트라 버진 올리브오일 3T
발사믹 식초 2T
다진 바질 1t
다진 양파 1T
소금 2꼬집

1. 볼에 어니언 바질 드레싱의 모든 재료를 담고 잘 섞어준다.
2. 사과는 슬라이스한 후 갈변되지 않도록 레몬즙을 뿌려둔다.
3. 샐러드 채소는 세척 후 물기를 제거한다.
4. 방울토마토는 반으로 자르고 브리 치즈에 벌집 모양으로 칼집을 내준다.
5. 프라이팬에 올리브오일을 두르고 브리 치즈를 앞뒤로 노릇하게 구워준다. 치즈의 겉면이 살짝 부풀어 오를 때까지 굽는다.
6. 방울토마토도 같은 팬에 살짝 구워준다.
7. 접시에 샐러드 채소와 사과 슬라이스를 담는다.
8. 그 위에 구운 브리치즈와 구운 토마토를 올린다.
9. 마무리로 피칸, 말린 크랜베리를 뿌려준다. 드레싱을 곁들여 호밀빵과 함께 낸다.

오이 감자 샐러드 샌드위치
Cucumber Potato Salad Sandwich

담백하고 부드러운 감자에 오이를 넣어 아삭한 식감을 지닌 샐러드로 완성했어요.
아침 메뉴로 가볍게 먹어도 좋고, 부드러운 식빵이나 모닝빵과 함께 먹으면
든든한 하루를 시작할 수 있답니다.

기본 재료

감자 200g
소금 1/2t
오이 1/2개
소금 5꼬집
식빵 4장
두유 마요네즈 4T(33쪽 참고)

사워크림 드레싱

마요네즈 3.5T
사워크림 3.5T
레몬즙 3t
설탕 3t
소금 5꼬집
후추 3꼬집

1. 볼에 사워크림 드레싱의 모든 재료를 담고 잘 섞어준다.
2. 감자는 세척 후 껍질을 제거한다. 냄비에 감자와 감자가 잠길 정도의 물, 소금 1/2t을 넣고 약 20분간 익힌다.
3. 오이는 얇게 슬라이스한 다음 소금 5꼬집을 넣고 섞어준 후 15분간 절인다.
4. 절인 오이에서 나온 수분을 제거하고 잘게 다진다.
5. 감자를 으깨고, 절인 오이와 사워크림 드레싱을 넣어 잘 섞어준다.
6. 식빵에 두유 마요네즈를 각 1T씩 발라준다.
7. 손으로 감자 샐러드를 잘 뭉쳐서 그 위에 올린다.
8. 마요네즈를 바른 식빵을 덮어준다.

(2)  (4)

(5-1)  (5-2)

(6)  (7)

(8)

닭가슴살 크랜베리 샐러드 샌드위치

Chicken Cranberry Salad Sandwich

담백한 닭가슴살에 달콤한 크랜베리, 신선한 채소가 어우러진 건강하면서도 풍미 가득한 샐러드 샌드위치예요. 부드럽고 촉촉한 식감에 단짠 조합이 매력적이라 브런치 메뉴로도 추천합니다.

기본 재료

닭가슴살 100g
월계수 잎 2장
통후추 5알
말린 크랜베리 20g
호두 15g
그릭 요거트 2T
꿀 1T
마요네즈 1.5T
레몬즙 1t
후추 1꼬집
소금 1꼬집
곡물빵 슬라이스 2장
토마토 슬라이스 2개
카이피라 4장
체더치즈 슬라이스 2장

홀그레인 머스터드 스프레드

홀그레인 머스터드 1T
마요네즈 2T

1. 볼에 홀그레인 머스터드 스프레드의 모든 재료를 담고 잘 섞어준다.

2. 냄비에 닭가슴살과 닭고기가 잠길 정도의 물을 붓고 통후추와 월계수 잎을 넣는다.

3. 약 8분간 끓이다가 불을 끄고, 10분간 그대로 두어 남은 열기로 닭고기를 익힌다.

4. 말린 크랜베리와 호두를 잘게 다진다.

5. 익힌 닭가슴살은 키친타월로 수분을 제거한 후 잘게 다져준다.

6. 볼에 닭가슴살, 크랜베리, 호두, 그릭 요거트, 꿀, 마요네즈, 레몬즙, 후추, 소금을 넣고 잘 섞어준다.

7. 곡물빵을 살짝 구워준 후 홀그레인 머스터드 스프레드를 골고루 발라준다.

8. 카이피라, 체더치즈, 토마토를 순서대로 올린다. 닭가슴살을 손으로 도톰하게 뭉쳐서 올린다.

9. 그 위에 다시 카이피라를 올리고, 빵을 덮어 마무리한다.

(6) (8-1)

(8-2) (9)

213

사과 코울슬로 샐러드 샌드위치

Apple Coleslaw Salad Sandwich

아삭한 사과와 상큼한 코울슬로가 만나면 신선하고 영양 가득한 샌드위치가 됩니다.
만드는 방법은 간단하지만 풍미가 다채로워 아침 식사로 먹기에도 좋아요.

기본 재료

코울슬로 적당량(31쪽 참고)
와일드 루콜라 1줌
달걀 1개
사과 1/4개
레몬즙 1t
사워도우 슬라이스 2개
엑스트라 버진 올리브오일 2T

1. 와일드 루콜라는 깨끗하게 씻어 물기를 제거한다.

2. 코울슬로를 만들어 준비한다. (31쪽 참고)

3. 냄비에 달걀과 달걀이 잠길 정도의 물, 소금 1t을 넣고 끓인다. 물이 끓기 시작하면 달걀을 약 10분간 삶은 후 찬물에 담가 식혀준다.

4. 달걀 껍데기를 벗긴 후 얇게 슬라이스한다.

5. 사과도 얇게 슬라이스하고, 변색을 막기 위해 레몬즙을 뿌려준다.

6. 사워도우 빵에 올리브오일을 뿌린 후 팬에 앞뒤로 노릇하게 구워준다.

7. 빵 위에 와일드 루콜라, 코울슬로, 사과 슬라이스, 달걀 순으로 올린다. 빵을 덮어 마무리한다.

(4～5)　(7-1)　(7-2)　(7-3)

판자넬라 샐러드

Panzanella Salad

판자넬라는 빵을 구워 여러 가지 채소와 함께 먹는 이탈리아 토스카나 지방의 샐러드예요.
호밀빵에 올리브오일 마늘 소스를 발라 구워서, 바삭하면서 깊은 마늘의 풍미를 느낄 수 있어요.
신선한 채소와 빵, 달걀이 포함되어 영양 균형을 맞춘 든든한 한 끼 식사로도 좋습니다.

기본 재료

샐러드 채소(루콜라, 로메인, 카이피라) 3줌
호밀빵 슬라이스 3장
엑스트라 버진 올리브오일 3T
다진 마늘 1/2t
파르메산 치즈 가루 2T
다진 파슬리 1T
방울토마토 5개
달걀 2개
소금 1t
파르미지아노 레지아노 치즈 2T

프렌치 드레싱

엑스트라 버진 올리브오일 3T
화이트와인 식초 3T
디종 머스터드 2t
꿀 1T
레몬즙 1T
소금 2꼬집
후추 2꼬집

1. 볼에 프렌치 드레싱의 모든 재료를 담고 잘 섞어준다.

2. 샐러드 채소는 깨끗하게 씻어 물기를 제거한다.

3. 올리브오일, 다진 마늘, 파르메산 치즈 가루, 다진 파슬리를 넣고 잘 섞어준 후 호밀빵 위에 발라준다.

4. 호밀빵을 에어 프라이어에 넣고 170도에서 약 6~8분간 구워준다.

5. 냄비에 달걀과 달걀이 잠길 정도의 물, 소금 1t을 넣고 끓인다. 물이 끓기 시작하면 달걀을 약 10분간 삶은 후 찬물에 담가 식혀준다.

6. 방울토마토는 반으로 자르고, 달걀도 먹기 좋은 크기로 잘라준다.

7. 접시에 샐러드 채소를 골고루 담고, 달걀과 방울토마토를 올린다.

8. 구운 호밀빵을 접시에 담고, 파르미지아노 레지아노 치즈를 갈아서 뿌려준다. 드레싱을 곁들여 낸다.

(3)

(4)

(7)

(8-1)

(8-2)

Smoothies & Soups

CHAPTER 8

스무디 & 수프

아보카도 스무디

Avocado Smoothie

부드럽고 진한 아보카도에 우유, 요거트를 더해 만든 고소하고 크리미한 건강 음료예요.
아보카도는 불포화 지방산, 비타민 E, 식이섬유가 풍부해 오랜 시간 포만감을 주고
피부 관리에도 효과적이에요.

기본 재료

아보카도 1개
꿀 2T
무가당 플레인 요거트 100g
우유 180ml

1. 아보카도를 반으로 잘라 씨와 껍질을 제거한다.
2. 블렌더에 모든 재료를 넣고 곱게 갈아준다.

병아리콩 스무디

Chickpea Smoothie

고소하고 담백하게 삶은 병아리콩을 베이스로 만든, 식이섬유와 식물성 단백질이 풍부한 건강 스무디예요. 든든하게 식사 대신 먹거나 다이어트, 식물성 식단을 유지하는 분들을 위한 음료입니다.

기본 재료

병아리콩 100g
바나나 1개
두유 250ml

1. 병아리콩을 삶아서 준비한다. (24쪽 참고)
2. 블렌더에 모든 재료를 넣고 곱게 갈아준다.

사과, 당근, 양배추 스무디

Apple, Carrot, and Cabbage Smoothie

자연의 단맛과 상큼함, 채소의 깔끔한 맛이 어우러진 디톡스 건강 스무디예요.
이 스무디를 꾸준히 마시면 속도 편해지고 기분까지 산뜻해지는 느낌이 들지요.
강한 향이나 쓴맛이 나는 재료가 없어 누구나 부담 없이 마실 수 있어요.

기본 재료

사과 200g
당근 100g
양배추 100g
아몬드 밀크 200ml

1. 모든 재료를 깨끗하게 세척하고 갈기 좋은 크기로 잘라준다.
2. 블렌더에 모든 재료를 넣고 곱게 갈아준다.

채소
수프

Vegetable Soup

여러 가지 신선한 채소를 듬뿍 넣어 만든 디톡스 건강 수프입니다.
속을 편안하게 해주고 소화도 도와주는 따뜻한 메뉴예요.
다양한 채소가 들어가 있어 비타민, 미네랄, 식이섬유가 풍부하고
포만감에 비해 칼로리는 낮아 다이어트 식단으로도 좋습니다.

기본 재료

양배추 100g
브로콜리 100
감자 100g
당근 100g
양파 100g
엑스트라 버진 올리브오일 2T
물 500ml
소금 1t
후추 4꼬집

1. 채소는 모두 깨끗하게 씻고 먹기 좋은 크기로 작게 잘라준다.

2. 냄비에 올리브오일을 두른 후 모든 채소를 넣고 볶아준다.

3. 채소의 숨이 죽으면 물 300ml를 붓고 뚜껑을 덮어 약 15분간 끓인다.

4. 소금과 후추를 뿌리고, 나머지 물을 넣은 다음 뭉근하게 끓여준다.

(1) (2)

(3-1)

(3-2)

(4)

토마토 치킨 수프

Tomato Chicken Soup

진한 토마토의 풍미에 부드러운 닭고기가 어우러진 든든한 수프입니다.
속을 따뜻하게 해주는 부드러운 재료들로 만들어 가벼운 저녁 식사로도 추천합니다.

기본 재료

토마토 2개
닭가슴살 1쪽
양파 1/2개
당근 1/2개
단호박 1/4개
마늘 2알
엑스트라 버진 올리브오일 2T
토마토 페이스트 1T
월계수 잎 2개
소금 3꼬집
후추 3꼬집

1. 양파, 토마토, 당근, 단호박, 닭가슴살은 1cm 크기로 깍둑썰기 한다.

2. 마늘은 슬라이스한다.

3. 냄비에 올리브오일을 두르고 마늘을 넣고 볶다가 양파, 당근, 닭가슴살을 넣고 볶아준다.

4. 닭가슴살이 어느 정도 익으면 토마토와 단호박을 넣고 볶는다.

5. 채소가 잠길 정도의 물을 붓고 한소끔 끓여준다.

6. 물이 끓기 시작하면 토마토 페이스트, 월계수 잎을 넣고 약 20분간 더 끓여준다.

7. 모든 재료가 충분히 익으면 소금과 후추를 넣고 5분 정도 더 끓여서 완성한다.

(1)　(3-1)　(3-2)　(4)　(5)　(6)　(7)　(2)

Salad Recipe Tracker

Make	Refreshing Salad	Page	Like it
☐	채소 스틱과 3가지 딥 소스 ○ 갈릭 마요 딥, 두부 땅콩 딥, 바질 마요 딥	44	
☐	오이 샐러드 ○ 딜 요거트 드레싱	48	
☐	찐 채소 샐러드 ○ 참깨 마요 드레싱	52	
☐	그릭 요거트 토마토 샐러드 ○ 발사믹 메이플 드레싱	56	
☐	밀프렙 샐러드 ○ 발사믹 오일 드레싱	60	
☐	쉬라즈 샐러드 ○ 레몬 머스터드 드레싱	64	
☐	후무스 샐러드 ○ 화이트 발사믹 드레싱	68	

Warm Salad

☐	알배추 샐러드 ○ 발사믹 쪽파 드레싱	74	
☐	감자 뇨키 샐러드 ○ 크림치즈 드레싱	78	
☐	채소 라자냐	84	
☐	구운 양배추 스테이크 ○ 갈릭 발사믹 드레싱	90	
☐	단호박 샐러드 ○ 머스터드 오일 드레싱	94	
☐	버섯 수란 샐러드 ○ 어니언 발사믹 드레싱	98	
☐	문어 감자 샐러드 ○ 갈릭 크림치즈 드레싱	102	

Healthy Meal Salad

☐	생연어 포케 ○ 간장 레몬 드레싱	108	
☐	새우 포케 ○ 칠리 마요 드레싱	112	
☐	두부 문어 포케 ○ 간장 유자 드레싱	116	
☐	참치 포케 ○ 와사비 간장 드레싱	120	
☐	큐브 스테이크 샐러드볼 ○ 오리엔탈 드레싱	124	
☐	구운 연어 샐러드 ○ 미소 참깨 드레싱	128	
☐	쿠스쿠스 샐러드 ○ 레몬 허니 드레싱	132	
☐	니스 샐러드 ○ 머스터드 갈릭 드레싱	136	
☐	바질 치킨 숏파스타 ○ 바질 어니언 발사믹 드레싱	140	

Fresh Fruit Salad

Make		Page	Like it
☐	리코타 치즈 샐러드 ○ 화이트 비네그레트 드레싱	146	
☐	수박 페타 치즈 샐러드 ○ 민트 오일 드레싱	150	
☐	아사이베리 볼 ○ 땅콩 레몬 드레싱	154	
☐	딸기 부라타 치즈 샐러드 ○ 처빌 화이트 비네그레트 드레싱	158	
☐	바나나 샐러드 ○ 메이플 요거트 드레싱	162	
☐	땅콩버터 사과 샐러드 ○ 땅콩버터 드레싱	166	

Seafood & Meat Salad

☐	새우 레몬 샐러드 ○ 레몬 마요 드레싱	172	
☐	관자 아보카도 샐러드 ○ 토마토 오일 드레싱	176	
☐	차가운 돼지고기 수육 샐러드 ○ 토마토 살사, 발사믹 오리엔탈 드레싱	180	
☐	훈제 오리 샐러드 ○ 어니언 머스터드 드레싱	184	
☐	훈제 연어 달걀 샐러드 ○ 허브 오일 드레싱	188	
☐	베트남 치킨 샐러드 ○ 고추 라임 피시소스	192	
☐	분짜 샐러드 ○ 매콤 분짜 드레싱	196	

Salad with Bread

☐	구운 브리 치즈 샐러드 ○ 어니언 바질 드레싱	202	
☐	오이 감자 샐러드 샌드위치 ○ 사워크림 드레싱	206	
☐	닭가슴살 크랜베리 샐러드 샌드위치	210	
☐	사과 코울슬로 샐러드 샌드위치	214	
☐	판자넬라 샐러드 ○ 프렌치 드레싱	218	

Smoothies & Soups

☐	아보카도 스무디	224	
☐	병아리콩 스무디	226	
☐	사과, 당근, 양배추 스무디	228	
☐	채소 수프	230	
☐	토마토 치킨 수프	234	

카페 샐러드 마스터 클래스

1판 1쇄 발행	2025년 6월 19일
1판 3쇄 발행	2025년 12월 12일

지은이	노정희
펴낸이	김기옥

라이프스타일팀장	이나리
편집	장윤선, 김민주
마케터	이지수
지원	고광현, 김형식

사진	한정수(studio etc.)
푸드 스타일링	하다인(스튜디오 아늑)
푸드 스타일링 어시스트	김채린
푸드 및 과정 어시스트	최지은

디자인	onmypaper
인쇄·제본	민언 프린텍

펴낸곳　　　한스미디어(한즈미디어(주))
주소 121-839 서울시 마포구 양화로 11길 13(서교동, 강원빌딩 5층)
전화 02-707-0337 | 팩스 02-707-0198 | 홈페이지 www.hansmedia.com
출판신고번호 제313-2003-227호 | 신고일자 2003년 6월 25일

ISBN 979-11-94777-23-6 13590

이 책은 저작권법에 따라 보호받는 저작물이므로 무단 전재와 무단 복제를 금지하며,
책의 전부 또는 일부를 사용하려면 반드시 저작권자와 한스미디어의 서면 동의를 받아야 합니다.

책값은 뒤표지에 있습니다.
잘못 만들어진 책은 구입하신 서점에서 교환해드립니다.